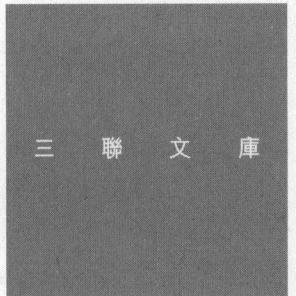

三 聯 文 庫

④

白話論語

徐志剛 譯注

三聯書店(香港)有限公司

責任編輯	李昕
裝幀設計	曉鴻

三	聯	文	庫	41
書　　名	白話論語				
譯　　注	徐志剛				
出版發行	三聯書店（香港）有限公司				
	香港域多利皇后街九號				
	JOINT PUBLISHING (H.K.) CO., LTD.				
	9 Queen Victoria Street, Hong Kong				
印　　刷	陽光印刷製本廠				
	香港柴灣安業街三號七樓				
版　　次	2000年7月香港第一版第一次印刷				
規　　格	特32開 (103 × 165 mm) 372 面				
國際書號	ISBN 962.04.1824.7				
	©2000 Joint Publishing (H.K.) Co., Ltd.				
	Published & Printed in Hong Kong				

本書原由人民文學出版社以書名《論語通譯》出版，
經由原出版者授權本公司在除中國大陸以外地區出版發行中文繁體字本

前　言

孔子（前551—前479）是我國歷史上偉大的思想家、教育家，儒家學派的創始人。他對我國古代文化的整理、研究和傳播，他的思想和學說，爲中國文化乃至世界文明，做出了不朽貢獻。聯合國敎科文組織把他列爲世界十大歷史名人之一，由此可見他在世界文明史中的地位。

孔子，名丘，字仲尼，春秋後期魯國郰邑（今山東曲阜東南郰城）人。孔子的祖先本是殷商後裔。周滅殷後，周成王封商紂王的庶兄微子啓於宋，建都商丘（今河南商丘一帶）。微子啓死後，其弟微仲繼位。微仲即孔子的先祖。

微仲的四世孫弗父何，也就是孔子的十一世祖，本該繼位爲宋公，卻讓位給了弟弟。從此，弗父何的後裔不再繼承王位，而被封爲卿，世代承襲，其采邑爲栗（今河南夏邑）。自弗父何後五代傳至孔子的六世祖孔父嘉。從此，他的後世子孫開始以孔爲姓。這便是孔姓的起源。孔父嘉傳三世至孔防叔。孔防叔是孔子的曾祖，爲避宋國內亂，遷到魯國定居。孔子的父親叔梁紇是魯國有名的武士，曾任郰邑大夫，故又稱"郰叔紇"。叔梁紇先娶施氏，生九女而無子。其妾生有一子名孟皮，但因有足疾，亦不宜繼嗣。叔梁紇遂於晚年再娶年輕女子顏徵在，生孔子。據說孔子剛出生時，頭頂的中間凹下；又因顏氏曾去尼丘（一名尼山，在曲阜東南）向神明祈禱，然後才懷了孕，所以，父母給孔子起名爲丘，字仲尼。"仲"是排行第二的意思。孔子約三歲時，叔梁紇病故，顏氏帶他離開郰邑，到國都曲阜的闕里居住，當時家境相當貧苦。

孔子自幼聰明好學，童年時遊戲，就常擺各種祭器，仿效大人們祭祀時的禮儀動作。十一歲時，曾跟魯太師學習周禮。到二十歲時，已掌握了很多文化知識，有"博學好禮"的美譽。二十歲左右，顏氏去世。這一時期，孔子做過"相禮"，從事"儒"這一職業。"儒"本是古代從巫史祝卜中分化出來的一種社會職業。從事這一職業的，都是有一定文化禮樂知識的人，專爲貴族人家"相禮"，主持婚喪祭祀。後又做過"委吏"（倉庫管理人員）、"乘田"（管理牧場牛羊），還做過貴族季氏家的史官。因爲孔子曾做過"儒"，後來又成爲著名學者，所以，由他創立的學派便稱爲"儒家"。

公元前517年，孔子三十五歲，魯國發生內亂，他去齊國做了貴族高昭子的家臣。經高推薦，齊景公曾向孔子諮詢過治國的道理。幾年後，齊國大夫中有人想害孔子，他遂離齊返魯。當時的魯國，貴族之間互相奪權爭利，政治紊亂。孔子不願任官職，便居家專心研究、整理《詩》、《書》、《禮》、《樂》、《易》等文化典籍。同時開壇設教，廣收弟子，努力興辦教育事業。

孔子五十一歲時，被魯定公任爲中都（邑名，在今山東汶上西）宰，掌管一地的行政事務，頗有政績。一年後任司空，主管建築工程。又升任大司寇，主管司法兩年。五十六歲時代理宰相，兼管外交事務。孔子執政時，將擾亂政事的大夫少正卯殺掉，以嚴肅法紀；整頓社會秩序，使百姓各守禮法，路不拾遺，四方來客都得到照顧。孔子雖才代理宰相三個月，就把魯國治理得有聲有色。齊國見孔子主政，擔心魯國強盛了會對齊國造成威脅，便設法加以破壞。於是，挑選女樂80人，良馬120匹，華車30輛，送給魯君。魯國國君接受了齊國的饋贈，沉湎於女樂，一連三天不上朝問政。孔子對魯君大失所望，在公元前497年五十五歲時，離開魯國，開始了他的"周遊列國"之行。這次出行，孔子先後到過衛、曹、宋、陳、蔡、楚等國，共歷十四年而終不見用，於公元前484年六十八歲時返回魯國。

晚年回鄉的孔子,一面繼續整理文化典籍,專心編修魯國的史書《春秋》;一面大規模開展教育事業,相傳收弟子多達三千人,其中精通六藝的著名弟子有七十二人。

公元前479年,孔子七十三歲時,大病七天而卒。

孔子思想、學說的精華,比較集中地見之於《論語》一書。

《論語》是"語言的論纂",也就是"語錄"的意思。東漢班固《漢書·藝文志》說:"《論語》者,孔子應答弟子、時人及弟子相與言而接聞于夫子之語也。當時弟子各有所記。夫子既卒,門人相與輯而論纂,故謂之《論語》。"這就是說,《論語》是孔子和他的弟子以及弟子之間關於各項事物的討論記錄的彙編,是由孔子弟子及再傳弟子(主要是曾參的弟子)編輯成書的。

現在通行的《論語》共20篇,約11000餘字。每篇都從文中第一句話裡節取兩三個字作篇名,如《學而》、《述而》、《公冶長》等。舊時,為了研讀方便,一部《論語》分上下兩部份。"上論"自《學而篇第一》至《鄉黨篇第十》,"下論"自《先進篇第十一》至《堯曰篇第二十》。按歷史沿習的讀音,《論語》的"論"字讀"輪"。

《論語》的內容,以倫理教育為主,包括哲學、歷史、政治、經濟、藝術、宗教等方面,從中可以看出許多當時社會的政治生活情況,看出孔子對政治的見解、對社會的理想、對教育的主張,也可看出孔子和他的弟子們的人格修養、治學態度和處世方法。言簡意賅,哲理深蘊,發人深省。不少語句,經歷代沿用,已成為格言或成語,如:吾日三省吾身、見義勇為、既往不咎、不恥下問、三思而後行、舉一反三、任重而道遠、後生可畏、欲速則不達等。有些片段,如"子在川上曰:'逝者如斯夫,不舍晝夜。'"還頗具抒情意味。

當然，孔子的思想也不可避免地存在一些消極因素。在政治思想上傾向保守，在禮樂制度上主張復古，輕視婦女，輕視勞動等，這些在《論語》中也有體現，需要我們在閱讀時注意鑒別。匡亞明先生說得好："孔子思想中既有消極因素，也有積極因素，這兩種不同因素導致了兩種不同後果，前者使中國封建社會長期停滯不前，後者則形成了中華民族某些優良傳統和特點。這種矛盾現象是孔子思想內在二重性（矛盾性）的毫不奇怪的必然產物。"（《孔子評傳》）無論如何，孔子對中國社會的影響是巨大的，《論語》一書由此也就在中國文化史上佔據了一個十分重要的地位。

《論語》自戰國前期成書問世以後，經過秦始皇的焚書坑儒，幾乎遭到滅絕。到了西漢，秦朝的"挾書律"被廢除，朝廷明令"大收篇籍，廣開獻書之路"。有些冒着生命危險藏留下書籍的人，紛紛向朝廷"獻書"，這時的《論語》出現了三種版本：

一、《魯論語》，20篇。

二、《齊論語》，22篇。其中20篇與《魯論語》大致相同，而多出《問王》、《知道》兩篇。

三、《古文論語》，21篇。《古文論語》也沒有《問王》、《知道》兩篇，但把《堯曰篇》從"子張問於孔子"以下另分爲一篇，形成兩個《子張篇》，篇次也與《魯論》、《齊論》不同，文字差別亦大。《古文論語》是漢景帝三年（前154）魯恭王劉餘大建宮殿時，壞孔子故宅，從牆壁中發現的。全書爲蝌蚪文所寫，相傳是在秦代焚書坑儒時孔子九代孫孔鮒所藏，又稱《孔壁古文》。

《魯論語》、《齊論語》在西漢時都各有傳家，而《古文論語》只有孔安國爲之作注，並無傳授。至西漢末，經學博士、被漢成帝封爲安昌侯的張禹（？—前5）以《魯論語》爲定篇目的根據，融合《齊論語》而爲《張侯論》。東漢靈帝熹平四年（175），由蔡邕（132—192）手寫六經，刻石立於太學前的所謂"熹平石經"（現存西安碑林），《論語》經文就是用的《張侯論》。後世流傳至今的《論語》版本，基本上是東漢經學大師鄭玄（127—220）以《張侯論》爲底本，參照《古文論語》加以整理而成的。

關於《論語》的注疏，歷代都有學者在作。著名的有東漢鄭玄的《論語注》，三國魏何晏的《論語集解》，南朝梁皇侃的《論語義疏》，唐代陸德明的《經典釋文》，宋代邢昺的《論語注疏》、朱熹的《四書章句集注》，清代朱彝尊的《經義考》、劉寶楠的《論語正義》，近代楊樹達的《論語疏證》等。其中劉寶楠的《論語正義》能破除門戶之見，詳採各家之說，並融進自己的研究心得，是世所公認的學術價值較高的一種。本書即以此書爲底本。

我自幼學讀《論語》，早有夙願，要寫出一部譯意準確、注釋簡明、語言流暢、文字通俗的《論語》譯本。蒙人民文學出版社大力支持，今已付梓。既久懷弘揚之志，當廣求批評之言。自料本書或有謬誤、不當之處，懇請專家讀者不吝賜敎，批評指正。

徐 志 剛
於濟南大學

目 錄

學而篇第一 …………………………… 1
爲政篇第二 …………………………… 12
八佾篇第三 …………………………… 27
里仁篇第四 …………………………… 47
公冶長篇第五 ………………………… 61
雍也篇第六 …………………………… 82
述而篇第七 …………………………… 102
泰伯篇第八 …………………………… 124
子罕篇第九 …………………………… 139
鄉黨篇第十 …………………………… 159
先進篇第十一 ………………………… 178
顏淵篇第十二 ………………………… 200
子路篇第十三 ………………………… 218
憲問篇第十四 ………………………… 238
衛靈公篇第十五 ……………………… 269
季氏篇第十六 ………………………… 291
陽貨篇第十七 ………………………… 305
微子篇第十八 ………………………… 326
子張篇第十九 ………………………… 337
堯曰篇第二十 ………………………… 352

學而篇第一

(共十六章)

主要講"務本"的道理,引導初學者入"道德之門"。

子曰[1]:"學而時習之,不亦説乎[2]!有朋自遠方來,不亦樂乎!人不知而不慍[3],不亦君子乎!"

【今譯】

孔子説:"學習了而時常溫習,不也高興嗎!有朋友從遠方來,不也快樂嗎!別人不瞭解我,我並不怨恨,不也是君子嗎!"

【注釋】

1 子:古代,對有地位、有學問、有道德修養的人,尊稱爲"子"。這裡是尊稱孔子。
2 説(yuè月):同"悦",高興,喜悦。
3 慍(yùn運):怨恨,惱怒。

有子曰[1]:"其爲人也孝弟[2],而好犯上者,鮮矣[3];不好犯上,而好作亂者,未之有也。君子務本,本立而道生。孝弟也者，其爲仁之本與⁴。"

【今譯】

有子說："做人，孝順父母，尊敬兄長，而喜好冒犯長輩和上級的，是很少見的；不喜好冒犯長輩和上級，而喜好造反作亂的人，是沒有的。君子要致力於根本，根本確立了，治國、做人的原則就產生了。所謂'孝''悌'，可爲'仁'的根本吧。"

【注釋】

1　有子：魯國人，姓有，名若，字子有。孔子的弟子。比孔子小三十三歲，生於公元前518年，卒年不詳。另說，比孔子小十三歲。後世，有若的弟子也尊稱有若爲"子"，故稱"有子"。
2　弟（tì 替）：同"悌"。弟弟善事兄長，稱"悌"。
3　鮮（xiǎn 顯）：少。
4　與：同"歟"。語氣詞。

子曰："巧言令色¹，鮮矣仁。"

【今譯】

孔子說："花言巧語，一副和氣善良的臉色，這種人是很少有仁德的。"

【注釋】

1　令色：面色和善。這裡指以恭維的態度討好別人。

曾子曰[1]:"吾日三省吾身[2]:爲人謀而不忠乎?與朋友交而不信乎?傳不習乎[3]?"

【今譯】

曾子説:"我每天多次檢查反省自己:爲別人出主意做事情,是否忠實呢?和朋友交往,是否真誠講信用呢?對老師所傳授的知識,是否複習了呢?"

【注釋】

1 曾(zēng增)子:姓曾,名參(shēn身),字子輿。曾皙之子。魯國南武城(在今山東省棗莊市附近)人。孔子的弟子。比孔子小四十六歲,生於公元前505年,卒於公元前435年。其弟子也尊稱曾參爲"子"。
2 省(xǐng醒):檢查反省自己。
3 傳:老師傳授的知識、學問。孔子教學,有"六藝":禮,樂,射,御,書,數。

子曰:"道千乘之國[1],敬事而信,節用而愛人,使民以時。"

【今譯】

孔子説:"治理擁有一千輛兵車的諸侯國,要嚴肅慎重、專心認真辦理國家的政事,又嚴守信用;節約財政開支,又愛護部下和人民;按照農時的忙閒去役使人民。"

【注釋】

1 道：同"導"。領導，治理。 乘（shèng勝）：古代稱四匹馬拉的一輛車為"一乘"。古代軍隊使用兵車，每輛兵車用四匹馬拉，車上有身着盔甲的士兵三人，車下跟隨有步兵七十二人，另有相應的後勤人員二十五人，因此，所謂"一乘"的實際兵力就是一百人，並非單指四匹馬拉一輛車。按規定，"八百家出車一乘"。古代衡量一個諸侯國的大小強弱，就是看它擁有多少兵車，所謂"千乘之國"，"萬乘之尊"。

子曰："弟子，入則孝，出則弟[1]，謹而信，泛愛衆而親仁。行有餘力，則以學文。"

【今譯】

孔子說："孩子們，在家要孝順父母，出門要尊敬兄長，做人言行要謹慎講信用，廣泛地與衆人友愛，親近有仁德的人。這樣做了還有餘力，就要用來學習各種文化知識。"

【注釋】

1 出：外出，出門。一說，離開自己住的房屋。 弟：同"悌"。尊敬兄長。

子夏曰[1]："賢賢易色[2]；事父母，能竭其力;事君,能致其身³;與朋友交,言而有信。雖曰未學,吾必謂之學矣。"

【今譯】

子夏説:"尊重有賢德的人,而看輕貌美的女色;事奉父母,能盡力而爲;爲君主做事,能有獻身精神;和朋友交往,説話誠實能講信用。這樣的人即使是説没學習過什麽,我也一定要説他是學習過了。"

【注釋】

1 子夏:姓卜,名商,字子夏。孔子的弟子。比孔子小四十四歲,生於公元前507年,卒年不詳。
2 賢賢:第一個"賢"做動詞用,表示敬重,尊崇;第二個"賢"是名詞,即"聖賢"的"賢",指有道德有學問的高尚的人。 易:輕視,不看重。一説,"易"釋爲"移",移好色之心而好賢德。
3 致:做出奉獻。

子曰:"君子不重則不威,學則不固¹。主忠信。無友不如己者²。過則無憚改³。"

【今譯】

孔子説:"君子〔舉止〕不莊重,就没有威嚴,〔態度〕不莊重,學習的知識學問就不鞏固。

做人主要講求忠誠,守信用。不要同不如自己的人交朋友。如果有了過錯,就不要害怕改正。"

【注釋】

1　固:鞏固,牢固。一說,固執,閉塞不通。
2　無:同"毋"。不要。　友:做動詞用。
3　過:錯誤,過失。　憚(dàn且):怕。

　　曾子曰:"慎終¹,追遠²,民德歸厚矣。"

【今譯】

曾子說:"要謹慎地辦理好喪事,虔誠地追祭祖先,〔這樣做了,〕人民的道德就會歸復忠厚老實。"

【注釋】

1　終:壽終,指父母去世。
2　遠:遠祖,祖先。

　　子禽問于子貢曰¹:"夫子至于是邦也²,必聞其政,求之與,抑與之與³?"子貢曰:"夫子溫、良、恭、儉、讓以得之。夫子之求之也,其諸異乎人之求之與⁴?"

【今譯】

子禽問子貢:"我們老師每到一個諸侯國,一定會瞭解那一國的政事,是他自己求來的呢,還是別人主動告訴他的呢?"子貢説:"老師是靠溫和、善良、恭敬、儉樸、謙讓來瞭解政事的。〔也可以説是求來的,但是,〕老師求得的方法,大概與別人求得的方法不相同吧?"

【注釋】

1 子禽:姓陳,名亢(kàng 抗),字子禽。一説,即原亢。陳國人。孔子的弟子(一説,不是孔子的弟子)。子貢:姓端木,名賜,字子貢。衛國人。孔子的弟子。比孔子小三十一歲,生於公元前520年,卒年不詳。

2 夫子:孔子的弟子敬稱孔子。古代凡做過大夫官職的人,可稱"夫子"(孔子曾任魯國司寇)。 邦:諸侯國。

3 抑與之與:"抑",連詞,表示選擇,"還是……"。"與之",給他。最後的"與",同"歟",語氣詞。

4 其諸:或者,大概。

子曰:"父在,觀其志;父沒,觀其行,三年無改于父之道[1],可謂孝矣。"

【今譯】

孔子説:"〔看一個人,〕當他父親在世的時候,要看他的志向;父親死後,要考察他的行爲,如果三年都不改變他父親所堅持的準則,這樣的人可以説是做到了孝。"

【注釋】

1 三年：按照周禮的規定，父親死後，兒子要守孝三年。這裡也可指一段較長的時間，或多年以後。

有子曰："禮之用[1]，和爲貴。先王之道[2]，斯爲美。小大由之。有所不行，知和而和，不以禮節之[3]，亦不可行也。"

【今譯】

有子説："禮的應用，以〔遇事做到〕和諧爲可貴。古代賢王治理國家的方法，可貴之處就在於此。小事大事，都依着這個原則。如果有的地方行不通，只知道爲和諧而和諧，不用禮來調節和約束，那也是不可以的。"

【注釋】

1 禮：指周禮。周代先王留下的儀禮制度。
2 先王：指周文王等古代的賢王。
3 節：節制，約束。

有子曰："信近于義[1]，言可復也[2]。恭近于禮，遠恥辱也[3]。因不失其親[4]，亦可宗也[5]。"

【今譯】

有子説："講信用，要符合於義；這種符合於義的信約諾言，才能去實踐、兌現。恭敬，要符合於禮，〔這樣做，〕就能避免恥辱。所依靠的，應當是親近自己的人，〔只有這些人〕才是可尊崇而靠得住的。"

【注釋】

1 近：符合，接近。　義：合理的，有道理的，符合於周禮的。
2 復：實踐，實行。
3 遠：避免，免去。
4 因：依靠，憑藉。
5 宗：尊奉，尊崇，可靠。

子曰："君子食無求飽，居無求安，敏于事而慎于言，就有道而正焉[1]，可謂好學也已。"

【今譯】

孔子說："君子吃飯不追求飽足，居住不追求享受安逸，做事勤快敏捷，說話小心謹慎，向有道德的人看齊，時時改正自己的缺點錯誤，〔這樣做，〕就可以說是一個好學的人了。"

【注釋】

1 就：靠近，接近。

子貢曰："貧而無諂，富而無驕，何

如?"子曰:"可也,未若貧而樂,富而好禮者也。"子貢曰:"《詩》云:'如切如磋,如琢如磨。'[1] 其斯之謂與?"子曰:"賜也,始可與言《詩》已矣,告諸往而知來者[2]。"

【今譯】

子貢説:"貧窮而不去巴結奉承,富裕而不驕傲自大,〔這種人〕怎麽樣呢?"孔子説:"也算可以了,〔但是,〕還不如貧窮仍然快快樂樂,富裕而愛好禮義的人。"子貢説:"《詩經》説:'要像加工骨頭、牛角、象牙、玉石一樣,經過切磋琢磨〔才能成爲精美的器物〕。'就是講的這個意思吧?"孔子説:"端木賜呀,我可以開始同你談論《詩經》了。告訴你已經發生的事,你就可以知道未來的事。"

【注釋】

1 "如切"句:出自《詩經·衛風·淇奧》篇。"切",古代把骨頭加工成器物,叫切。"磋(cuō 搓)",把象牙加工成器物。"琢(zhuó 濁)",雕刻玉石,做成器物。"磨",把石頭加工成器物。

2 "告諸"句:"諸","之于"的合音。"往",已發生的事,已知的事。"來",尚未發生的事,未知的事。這裡孔子是誇子貢能舉一反三。

子曰:"不患人之不己知[1],患不知人也。"

【今譯】

孔子說:"不怕別人不瞭解自己〔的長處好處〕,怕的是自己不瞭解別人〔的好歹〕。"

【注釋】

1 不己知:"不知己"的倒裝句。"知",瞭解,理解。

爲政篇第二

(共二十四章)

主要講治理國家的道理和方法。

子曰："爲政以德,譬如北辰¹,居其所而衆星共之²。"

【今譯】

孔子說："〔國君〕治理國家,用道德教化來推行政治,就像北極星一樣,處於它一定的方位上,而羣星都環繞在它的周圍。"

【注釋】

1 北辰：北極星。距地球約 782 光年。由於太遠,從地球上看它似乎不動,實際仍在高速運轉。
2 共：同"拱"。環繞。

子曰："《詩》三百,一言以蔽之¹,曰：'思無邪²'。"

【今譯】

孔子說："《詩經》三百〔零五〕篇,用一句話來概括〔它的全部內容〕，可以說是：'思想純正，沒有邪惡的東西。'"

【注釋】

1 蔽（bì 畢）：概括，包蓋。
2 思無邪：原出《詩經·魯頌·駉》篇。孔子借用這句話來評論《詩經》。

　　　　子曰："道之以政¹，齊之以刑²，民免而無恥³；道之以德，齊之以禮，有恥且格⁴。"

【今譯】

孔子說："用行政命令來治理，用刑法來處罰，人民雖然能避免犯罪，但還不是從心裡知道〔犯罪〕是可恥的；用道德教化來治理，用禮來約束，人民就會有羞恥之心，而且會〔自覺地〕改過。"

【注釋】

1 道：同"導"。治理，引導。
2 齊：整治，約束，統一。
3 免：避免，指避免犯錯誤。　無恥：做了壞事，心裡不知羞恥；沒有（或缺乏）羞恥之心。
4 格：正，糾正。

　　　　子曰："吾十有五而志于學¹，三十而

立,四十而不惑,五十而知天命², 六十而耳順,七十而從心所欲,不逾矩。"

【今譯】

孔子說:"我十五歲時開始立志學習;三十歲時能自立於世;四十歲時遇事就不迷惑;五十歲時懂得了什麼是天命;六十歲時能聽得進不同的意見;到了七十歲時才能達到隨心所欲,想怎麼做便怎麼做,也不會超出規矩。"

【注釋】

1 有:同"又"。表示相加。"十有五",即十加五,十五歲。
2 天命:這裡的"天命"含有上天的意旨、自然的稟賦與天性、人生的道義和職責等多重含義。

　　孟懿子問孝[1],子曰:"無違。"樊遲御[2],子告之曰:"孟孫問孝于我,我對曰:'無違。'"樊遲曰:"何謂也?"子曰:"生,事之以禮;死,葬之以禮,祭之以禮。"

【今譯】

孟懿子問怎樣做是孝,孔子說:"不違背〔周禮〕。"樊遲為孔子趕馬車,孔子對他說:"孟孫氏問我怎樣做是孝，我回答他：'不違背〔周禮〕。'"樊遲說："是什麼意思呢?"孔子說："〔父母〕在世時，按周禮侍奉他們；去世了，要按周禮為他們辦喪事，按周禮祭祀他們。"

【注釋】

1 孟懿（yì 意）子：姓仲孫，亦即孟孫，名何忌，"懿"是諡號。魯國大夫。與叔孫氏、季孫氏共同把執魯國朝政。他的父親孟僖子臨終時囑咐他要向孔子學禮。

2 樊（fán 凡）遲：姓樊，名須，字子遲。孔子的弟子。曾與冉（rǎn 染）求一起為季康子做事。生於公元前515年，卒年不詳，比孔子小四十六歲。　御：趕車，駕車。

孟武伯問孝[1]。子曰："父母，唯其疾之憂[2]。"

【今譯】

孟武伯問怎樣做是孝。孔子說："對父母，要特別擔憂他們的疾病。"

【注釋】

1 孟武伯：姓仲孫，名彘（zhì 志）。是前一章提到的孟懿子的兒子。"武"是諡號。

2 其：代詞，指父母。此句意思是：唯憂父母疾。一說，"其"，指子女。"疾"，指品德行為上的毛病。意思是：父母唯憂其疾。做父母的就是擔心子女的品行不好。所以，孝順父母,就要自己品德好,不要使父母擔憂。另說,"其"指子女,"疾"指疾病。"言父母愛子之心,無所不至,惟恐其有疾病,常以爲憂也。人子體此,而以父母之心爲心,則凡所以守其身者,自不容於不謹矣。"(朱熹《四書集注》)

> 子游問孝[1],子曰:"今之孝者,是謂能養。至于犬馬,皆能有養。不敬,何以別乎?"

【今譯】

子游問怎樣做是孝,孔子説:"現在所謂孝順,總説能够奉養父母就可以了。〔但這卻是很不够的,因爲〕對狗對馬,也都能做到飼養它。如果對父母〔只做到奉養〕而不誠心孝敬的話,那和飼養狗馬有什麽區別呢?"

【注釋】

1 子游:姓言,名偃(yǎn 演),字子游。吳國人。生於公元前506年,卒年不詳。孔子的弟子。比孔子小四十五歲。

> 子夏問孝,子曰:"色難[1]。有事,弟子服其勞[2];有酒食,先生饌[3],曾是以爲孝乎[4]?"

【今譯】

子夏問怎樣做是孝，孔子説："〔對父母〕和顔悦色，是最難的。〔如果僅僅做到〕有了事，孩子爲父母去做；有了酒飯，讓父母吃，〔但是，子女的臉色卻很難看，〕難道能算是孝嗎？"

【注釋】

1 色：臉色。指和顔悦色；心裡敬愛父母，臉面上好看。

2 弟子：晚輩。指兒女。

3 先生：長輩。指父母。 饌（zhuàn 賺）：吃喝。

4 曾（zēng 增）：副詞。難道。 是：代詞。此，這個。

子曰："吾與回言終日[1]，不違，如愚。退而省其私[2]，亦足以發，回也不愚。"

【今譯】

孔子説："我給顔回講學問一整天，他都不提不同的意見，好像是很愚笨。〔可是，〕課後我考察他私下裡的言行，發現他對我所講的課能充分發揮，顔回並不是愚笨的。"

【注釋】

1 回：姓顔，名回，字子淵，又稱顔淵。魯國人。生於公元前 521 年（一説，公元前 511 年），卒於公元前 480 年。是孔子早年最忠實的弟子，被孔子器重、厚愛。比孔子小三十（一說四十）歲。

2 省（xǐng醒）：觀察，考察。

子曰："視其所以¹，觀其所由²，察其所安。人焉廋哉³？人焉廋哉？"

【今譯】

孔子說："〔瞭解人，要〕看他言行的動機，觀察他所採取的方法，考察他安心於做什麼。〔這樣去瞭解，〕人怎麼能隱瞞得了呢？人怎麼能隱瞞得了呢？"

【注釋】

1 以：根據，原因，言行的動機。一說，"以"，通"與"。引申爲與誰，同誰，結交什麼樣的朋友。

2 由：經由，走的道路。指爲達到目的而採用的方式方法。

3 焉：代詞，表疑問。哪裡，怎麼。 廋（sōu搜）：隱藏，隱瞞。

子曰："溫故而知新¹，可以爲師矣。"

【今譯】

孔子說："時時溫習已經學過的知識，由此就能獲取新的更深的知識，這樣就可以爲人師表了。"

【注釋】

1 故：舊的，原先的。

　　　子曰："君子不器[1]。"

【今譯】

　孔子説："君子不要像器具一樣〔只有固定的某一方面的用處〕。"

【注釋】

1 器：器具，只有一種固定用途的東西。比喻人只具備一種知識，一種才能，一種技藝。

　　　子貢問君子[1]，子曰："先行其言而後從之。"

【今譯】

　子貢問怎樣做才是君子，孔子説："在説之前，先去實行，然後再按照做了的去説。"

【注釋】

1 君子：古代有學問有道德有作爲的人，人格高尚的人，或有官職、地位高的人都可稱"君子"。

　　　子曰："君子周而不比[1]，小人比而不周[2]。"

【今譯】

孔子說:"君子能〔在道義上〕團結人但不〔以私情而〕互相勾結;小人善於拉攏勾結而不〔在道義上〕團結人。"

【注釋】

1 周:同周圍的人相處得很好,合羣,團結。 比(bǐ畢):本義是並列,挨着。在這裡有貶義:爲私情而勾結,拉幫結夥,結黨營私。
2 小人:不正派、不道德、人格卑鄙的人。古代也稱地位低的人。

子曰:"學而不思則罔[1],思而不學則殆[2]。"

【今譯】

孔子說:"學習了而不深入思考,就會迷惑;〔但〕只是去空想而不去學習,那就危險了。"

【注釋】

1 思:思考,思維。 罔(wǎng網):同"惘"。迷惑,昏而無得。一說,欺罔,蒙蔽,受騙。另說,"罔",即無,無所得。
2 殆(dài代):危險。一說,沒有信心。

子曰:"攻乎異端[1],斯害也已[2]。"

【今譯】

孔子說:"去攻讀鑽研邪說,那就有害了。"

【注釋】

1 攻:指學習攻讀,專治,鑽研。一說,攻擊。 異端:不同的學說、主張。
2 斯:代詞。這,那。 已:語氣詞,表慨歎,相當"矣"。一說,停止,完畢。則此章的意思是:攻擊那些邪說,禍害就沒有了。

子曰:"由[1],誨女[2],知之乎?知之爲知之,不知爲不知,是知也[3]。"

【今譯】

孔子說:"仲由,我教導你的〔知識〕,知道了嗎?知道就是知道,不知道就是不知道,這種態度才是明智的。"

【注釋】

1 由:姓仲,名由,字子路,又字季路。魯國卞(今山東省平邑縣東北)人。是孔子早年的弟子。長期跟隨孔子,是忠實的警衛。曾做季康子的家臣,後死於衛國內亂。生於公元前 542 年,卒於公元前 480 年,比孔子小九歲。
2 誨(huì會):教導,教育,誘導。 女:同"汝"。你。
3 知:前五個"知"字,是知道,瞭解,懂得。最後

"是知也"的"知",同"智"。明智,聰明,眞知。 之:代詞。指孔子所講授的知識、學問。

子張學干祿[1]。子曰:"多聞闕疑[2],愼言其餘,則寡尤[3];多見闕殆,愼行其餘,則寡悔。言寡尤,行寡悔,祿在其中矣。"

【今譯】

子張學習如何謀求做官。孔子説:"要多聽〔各種意見〕,把覺得可懷疑的地方避開,謹愼地説出其餘的,這樣就能少犯錯誤;要多看〔各種情況〕,把覺得有危險的事情避開,謹愼地去做其餘的,這樣就能減少後悔。説話少出錯,做事少後悔,謀求官職的機會就在其中了。"

【注釋】

1 子張:姓顓(zhuān 專)孫,名師,字子張。陳國人。孔子晚年的弟子,比孔子小四十八歲。生於公元前503年,卒年不詳。 干祿:求仕,謀求做官。"干",求,謀。"祿",官吏的俸祿,官職。
2 闕:空,缺,有所保留。
3 寡:少。 尤:過錯,錯誤。

哀公問曰[1]:"何爲則民服[2]?"孔子對曰:"舉直錯諸枉[3],則民服;舉枉錯諸直,則民不服。"

【今譯】

魯哀公問：“怎樣做才能使人民服從呢？”孔子回答說：“選拔正直的人，安排的位置在邪惡的人之上，人民便服了；選拔邪惡的人，安排的位置在正直的人之上，人民就不服了。”

【注釋】

1 哀公：魯國魯定公的兒子，姓姬，名蔣。“哀”是死後的謚號。在位二十七年（自公元前494年至公元前466年）。

2 何爲：怎樣做，做什麼。

3 舉：選拔，推舉。 直：正直的、正派的人。 錯：同“措”，放置，安排。一說，廢置，捨棄。 諸：“之于”的合音。 枉：不正直、不正派、邪惡的人。

季康子問[1]："使民敬，忠以勸[2]，如之何？"子曰："臨之以莊[3]，則敬；孝慈，則忠；舉善而教不能，則勸。"

【今譯】

季康子問：“要使人民對我尊敬，對我忠實而又努力幹，應該如何辦呢？”孔子說：“你要用莊重嚴肅的態度來對待，人民就會尊敬你；你〔倡導〕對父母孝順，對衆人慈愛，他們就會忠實於你；你選拔任用善良優秀的人，又教育那些能力差的人,人民就會互相勉勵而努力幹了。"

【注釋】

1 季康子:姓季孫,名肥。"康"是諡號。"子",是尊稱。魯哀公時,任正卿(宰相),政治上最有勢力。
2 以:連詞。而。 勸:努力,勤勉。
3 臨:對待。

或謂孔子曰[1]:"子奚不爲政[2]?"子曰:"《書》云[3]:'孝乎惟孝,友于兄弟,施于有政[4]。'是亦爲政,奚其爲爲政[5]?"

【今譯】

有人對孔子說:"你爲什麽不參與政治呢?"孔子說:"《尚書》裡有句話說:'孝啊就是孝敬父母,並以友愛的態度對待兄弟。倡導孝悌的道理推廣到政治方面。'這也算是參與了政治,爲什麽非做官才算是參與政治呢?"

【注釋】

1 或:代詞。有人。
2 奚:疑問詞。何,怎麽。
3 書:指《尚書》。是商周時期的政治文告和歷史資料的彙編。孔子在這裡引用的三句,見於僞古文《尚書·君陳》篇。
4 施:推廣,延及,影響於。 有:助詞,無意義。
5 "奚其"句:"奚",爲什麽。"其",代詞,指做官。

"爲",是。"爲政",參與政治。魯定公初年,孔子沒有出來做官,所以,有人疑其不爲政。

子曰:"人而無信[1],不知其可也。大車無輗[2],小車無軏[3],其何以行之哉[4]?"

【今譯】

孔子說:"人不講信用,真不知道怎麼可以呢!〔就好比〕大車上沒有輗,小車上沒有軏,它靠什麼行走呢?"

【注釋】

1 信:講信用,說了算數。
2 輗(ní 尼):古代大車(用牛拉,以載重)車轅前面橫木上揳嵌的起關聯固定作用的木銷子(榫頭)。
3 軏(yuè 月):古代小車(用馬拉,以載人)車轅前面橫木上揳嵌的起關聯固定作用的木銷子(榫頭)。
4 何以:以何,用什麼,靠什麼。

子張問:"十世可知也[1]?"子曰:"殷因于夏禮[2],所損益[3],可知也;周因于殷禮,所損益,可知也;其或繼周者,雖百世,可知也。"

【今譯】

子張問:"往後十個朝代〔禮法制度〕的事,

可以知道嗎?"孔子說:"商朝繼承了夏朝的禮制,所減少的和增加的,是可以知道的;周朝又繼承了商朝的禮制,所減少的和增加的,可以知道;將來如有繼承周朝的〔禮法制度,其基本內容不過增增減減〕,即使傳下一百代之久,也是可以知道的。"

【注釋】

1 世:古時稱三十年為一世。這裡指朝代。
2 殷:就是商朝。商朝傳至盤庚(商湯王的第九代孫),從奄(今山東省曲阜市)遷都於殷(今河南省安陽縣西北),遂稱殷。商是國名,殷是國都之名。 因:因襲,沿襲。 禮:指整個儀禮制度,是規範社會行為的法則、規範、儀式的總稱。
3 損益:減少和增加。

子曰:"非其鬼而祭之[1],諂也。見義不為,無勇也。"

【今譯】

孔子說:"不是自己的祖先卻去祭祀它,就是諂媚。遇到符合正義的事而不去做,就是沒有勇氣。"

【注釋】

1 鬼:這裡指死去的祖先。

八佾篇第三

(共二十六章)

主要記孔子論禮樂之事。

> 孔子謂季氏[1]，八佾舞于庭[2]，是可忍也，孰不可忍也[3]？

【今譯】

孔子談論季氏，說他在家廟的庭院裡居然冒用了八佾規格的樂舞，這種事如果可以容忍，那還有什麼不可以容忍的事呢？

【注釋】

1 季氏：魯國正卿季孫氏。此指季平子，即季孫意如。一說，季桓子。

2 八佾："佾（yì意）"，行，列。特指古代奏樂舞蹈的行列。一佾，是八個人的行列；八佾，就是八八六十四個人。按周禮規定，天子的樂舞，才可用八佾。諸侯，用六佾；卿、大夫，用四佾；士，用二佾。按季氏的官職，只有用四佾的資格，但他擅自僭（jiàn 劍。超越本份）用了天子樂舞規格的八佾，這是不可饒恕的越軌行為。

3 "是可"句："忍"，容忍。"孰"，疑問代詞。什麼。一說，"忍"，忍心。則這兩句的意思是：這樣的事他都忍心做出來,什麼事他不忍心做呢?

> 三家者[1],以《雍》徹[2]。子曰:"'相維辟公,天子穆穆[3]',奚取于三家之堂[4]?"

【今譯】

孟孫氏、叔孫氏、季孫氏這三家,在桓公廟祭祖完畢時,讓樂工唱着《雍》詩,來撤掉祭品。孔子說:"〔《雍》詩上說:〕'協助祭祀的是四方諸侯,天子才是莊嚴肅穆的主祭者。'爲什麽在你三家祭祖的廟堂上卻用了唱《雍》詩的儀式?"

【注釋】

1 三家:春秋後期掌握魯國政權的三家貴族:孟孫氏(即仲孫氏),叔孫氏,季孫氏。他們是魯桓公之子仲慶父(亦稱孟氏)、叔牙、季友的後裔,又稱"三桓"。在這三家中,以季孫氏勢力最大。他們自恃有政治經濟的實力,所以經常有越軌周禮的行爲,多次受到孔子的批判。

2 雍:《詩經·周頌》中的一篇。古代,天子祭祀宗廟的儀式舉行完畢後,在撤去祭品收拾禮器的時候,專門唱這首詩。亦作"雝"。 徹:同"撤"。撤除,拿掉。

3 "相維"句:《詩經·周頌·雍》中的句子。"相(xiàng 向)",本指協助,幫助。這裡指儐相,助祭者。"維",助詞,沒有意義。"辟(bì 畢)",本指君王。這裡的"辟公",指諸侯。"穆穆",莊嚴肅靜。形容至美至敬。

4 奚:何,怎麽,爲什麽。 堂:祭祀先祖或接待賓客的廟堂。

子曰："人而不仁，如禮何¹？人而不仁，如樂何？"

【今譯】

孔子說："一個人不講仁德，如何對待禮呢？一個人不講仁德，如何對待樂呢？"

【注釋】

1 如禮何："如……何"是古代常用句式，當中一般插入代詞、名詞或其他詞語，意思是"把（對）……怎麽樣（怎麼辦）"。

林放問禮之本¹。子曰："大哉問！禮，與其奢也²，寧儉；喪，與其易也³，寧戚⁴。"

【今譯】

林放問禮的根本是什麽。孔子說："意義重大啊，你提的問題。從禮節儀式來說，與其奢侈，不如節儉；從治辦喪事來說，與其在儀式上搞得很隆重而完備周到，不如心裡真正悲哀地悼念死者。"

【注釋】

1 林放：姓林，名放，字子上。魯國人。一說，孔子的弟子。

2 與其：連詞。在比較兩件事的利害得失而決定取捨的時候，"與其"用在放棄的一面。後面常用"毋寧"、"不如"、"寧"相呼應。

3 易：本義是把土地整治得平坦。在這裡指周到地治辦喪葬的禮節儀式。

4 戚：心中悲哀。

子曰："夷狄之有君¹，不如諸夏之亡也²。"

【今譯】

孔子說："夷狄雖有君主〔卻沒有禮儀〕，還不如中原諸國沒有君主〔卻保留着禮儀〕好呢。"

【注釋】

1 夷：我國古代東方少數民族。　狄：我國古代北方少數民族。

2 諸夏：當時中原黃河流域華夏族居住的各個諸侯國。亡：同"無"。魯國的昭公、哀公，都曾逃往國外，形成某一時期內魯國無國君的現象。由此，孔子發出感歎。

季氏旅于泰山¹。子謂冉有曰²："女弗能救與³?"對曰："不能。"子曰："嗚呼！曾謂泰山不如林放乎⁴?"

【今譯】

季氏去祭祀泰山。孔子對冉有說："你不能勸阻嗎?"冉有回答說:"不能。"孔子說:"啊呀!莫非說泰山之神還不如魯國人林放〔知道禮〕嗎?"

【注釋】

1 旅:古代,祭祀山川叫"旅"。 泰山:在今山東省泰安市。按周禮規定,天子才有資格祭祀天下名山大川,諸侯只有資格祭祀在其封地境內的名山大川。季康子不過是魯國的大夫,卻去祭祀泰山,這是越禮行爲。

2 冉有:姓冉,名求,字子有,也稱冉有。魯國人,仲弓之族。孔子的弟子,比孔子小二十九歲,生於公元前522年,卒年不詳。冉有當時是季康子的家臣。

3 女:同"汝"。你。 弗:不。 救:補救,勸阻,設法匡正。 與:同"歟"。語氣詞。

4 曾:副詞。莫非,難道,竟然。

子曰:"君子無所爭。必也射乎¹!揖讓而升²,下而飲。其爭也君子。"

【今譯】

孔子說:"君子之間沒有可爭的事。〔如果有爭,〕那一定是射箭比賽吧!〔就算是射箭相爭,也是〕互相作揖,謙讓,然後登堂;〔射箭比賽完了〕走下堂來,又互相敬酒。這種爭,就是君子之爭。"

【注釋】

1 射:本是射箭。此指射禮——按周禮所規定的射箭比賽。有四種:一,大射(天子,諸侯,卿,大夫,選屬下善射之士而升進使用)。二,賓射(貴族之間,朝見聘會時用)。三,燕射(貴族平時娛樂之用)。四,鄉射(民間習射藝)。

2 揖:作揖。拱手行禮,以表尊敬。

> 子夏問曰:"'巧笑倩兮[1],美目盼兮[2],素以爲絢兮[3]。'何謂也?"子曰:"繪事後素[4]。"曰:"禮後乎?"子曰:"起予者商也[5]!始可與言《詩》已矣。"

【今譯】

子夏問道:"'美好的笑容真好看啊,美麗的眼睛黑白分明眼珠轉啊,粉白的臉龐着色化妝絢麗多彩好打扮啊。'是什麼意思呢?"孔子說:"先有了白地子,然後才畫上畫。"〔子夏〕又問:"〔這使我想到,〕禮節儀式是不是在〔仁德之〕後呢?"孔子說:"能闡明我的意思的是你卜商呀!現在開始可以同你談論《詩》了。"

【注釋】

1 巧笑:美好的笑容。 倩(qiàn欠):指笑時面容格外妍美,笑容好看。 兮:助詞。啊,呀。

2 盼:眼珠黑白分明,轉動靈活。

3 絢:有文彩,絢麗多彩。"巧笑"二句,見《詩經·衛風·碩人》篇。"素以爲絢兮",不見於現在通行的《毛詩》，可能是佚句。

4 繪事後素："繪事"，畫畫。"後"，後於，在……之後。"素"，白地子。意思說：畫畫總是先有個白地子，然後才能畫。一說，女子先用素粉敷面，然後才用胭脂、青黛等着色，打扮得漂亮。

5 起：發揮，闡明。 予：我。 商：卜商，即子夏。

子曰："夏禮，吾能言之，杞不足徵也[1]；殷禮，吾能言之，宋不足徵也[2]。文獻不足故也[3]。足，則吾能徵之矣。"

【今譯】

孔子說："夏朝的禮，我能說出來，〔但是，夏的後代〕杞國〔現在施行的禮儀〕卻不足以作爲考證的證明；殷代的禮，我能說出來，〔但是，殷的後代〕宋國〔現在施行的禮儀〕卻不足以作爲考證的證明。因爲文字資料不足，熟悉夏禮、殷禮的賢人也不多。如果'文''獻'足夠的話，我就能用它來作考證的證明了。"

【注釋】

1 杞（qǐ 起）：古國，現在河南省杞縣一帶。杞國的君主是夏朝禹的後代。 徵：證明，引以爲證。

2 宋：古國，現在河南省商丘市南部一帶。宋國的君主是商朝湯的後代。

3 文：指歷史文字資料。 獻：指賢人。古代，朝廷稱德才兼備的賢人爲"獻臣"。

子曰："禘自既灌而往者[1]，吾不欲觀之矣[2]。"

【今譯】

孔子說："舉行禘祭的典禮時，從第一次的獻酒之後，我就不願看下去了。"

【注釋】

1　禘（dì 地）：古代只有天子才可以舉行的祭祀祖先的隆重典禮。既：已經。　灌：禘禮初始即舉行的獻酒降神儀式。古代祭祀祖先，一般用活人坐在靈位前象徵受祭者（這個人叫"屍"）。煮香草爲"郁"，合黍釀成氣味芬芳的一種酒"郁鬯（chàng 唱）"。將"郁鬯"獻於"屍"前，使其聞一聞酒的香氣而並不飲用，然後將酒澆在地上。這整個過程就叫"灌"。

2　不欲觀：不願看，看不下去了。魯國是周公旦的封地。據《禮記》記載，周公死後，他的侄兒周成王（姬誦）爲了追念周公輔佐治國的偉大功動，特許周公的後代在祭祀時舉行最高規格的"禘禮"。但這畢竟是不合禮的。而且，一般在經過"灌"的儀式以後，魯國的君臣往往也都表現懈怠而無誠意了。所以，孔子說了"不欲觀"的話。

或問禘之說。子曰："不知也[1]。知其說者之于天下也，其如示諸斯乎[2]！"指其掌。

【今譯】

　　有人問起舉行"禘祭"的來由道理。孔子說："不知道。能懂這種道理的人治理天下，會像把東西擺在這裡一樣吧！"〔孔子一面說，一面〕指着自己的手掌。

【注釋】

1　不知也：孔子對魯國"禘祭"不滿，所以，他故意避諱，說不知道"禘祭"的道理。

2　"其如"句："示"，同"置"。擺，放。"諸"，"之于"的合音。"斯"，這。指手掌。這句話的意思是：像把東西擺在掌中一樣明白而容易。一說，"示"，同"視"。

　　祭如在，祭神如神在。子曰："吾不與祭[1]，如不祭。"

【今譯】

　　祭祀祖先就如同祖先真在那裡，祭祀神就如同神真在那裡。孔子說："我如果不親自參加祭祀，〔而由別人代祭，〕那就如同不祭祀一樣。"

【注釋】

1　與：參與，參預，參加。

　　王孫賈問曰[1]："與其媚于奧[2]，寧媚于竈[3]。何謂也？"子曰："不然。獲罪于天，無所禱也。"

【今譯】

王孫賈問:"〔人們說〕與其奉承奧神,不如奉承竈神。這話怎麽講?"孔子說:"不是那樣。如果得罪了天,向誰祈禱都是没有用的。"

【注釋】

1 王孫賈:衛靈公時衛國的大夫,有實權。
2 媚:諂媚,巴結。 奧:本義指室內的西南角。這裡指屋內西南角的神。古時尊長居西南,所以奧神的地位應比竈神尊貴些。
3 竈:本義是爐竈,用來烹煮食物或燒水。從夏代就以竈爲神,稱"竈君",爲"五祀之一",即老百姓所說的"竈王爺"。舊俗,陰曆臘月二十三(或二十四)日,燒紙馬,供奉飴糖,送竈神上天,謂之"送竈";臘月三十日(除夕),又迎回來,謂之"迎竈"。竈神地位雖較低,但上可通天,決定人的禍福,故當時人們的俗話才說"寧媚于竈";祭祀神明時首先要奉承巴結的是竈神。

子曰:"周監于二代[1],鬱鬱乎文哉[2]!吾從周。"

【今譯】

孔子說:"周代〔政治禮樂制度等〕是借鑒於夏商兩代〔而發展演變建立起來的〕,多麽豐盛啊!我尊從周代〔的一切〕。"

【注釋】

1 監：通"鑒"。本義是鏡子。引申爲照，考察，可以作爲警戒或引爲敎訓的事。在這裡是借鑒於前代的意思。二代：指夏、商兩個朝代。

2 鬱鬱：原意是草木豐盛茂密的樣子，也指香氣濃厚。這裡指繁盛，豐富多彩，文采顯著。

> 子入太廟¹，每事問。或曰："孰謂鄒人之子知禮乎²？入太廟，每事問。"子聞之，曰："是禮也。"

【今譯】

孔子進入太廟〔助祭〕，對每件事都詢問。有人說："誰說鄒邑人的兒子知道禮呢？進入太廟，每件事都要問一問。"孔子聽到，說："這樣做，就是禮啊。"

【注釋】

1 太廟：古代指供奉祭祀君主祖先的廟。開國的君主叫太祖，太祖的廟叫太廟。因爲周公（姬旦）是魯國最初受封的君主，所以，當時魯國的太廟，就是周公廟。

2 孰謂：誰說。 鄒（zōu 鄒）：又寫爲"陬"，"郰"。春秋時魯國的邑名，在今山東省曲阜市東南一帶。孔子的父親叔梁紇（hé 和）在鄒邑做過大夫。"鄒人"，指叔梁紇。"鄒人之子"，即指孔子。

子曰："射不主皮[1]，爲力不同科[2]，古之道也。"

【今譯】

孔子說："〔在舉行射禮比賽時，〕射箭主要不在於射穿那皮靶子，因爲各個人的力氣大小有所不同，自古以來就是這個道理。"

【注釋】

1 射不主皮："射"，射箭。周代儀禮制度中有專門爲演習禮樂而舉行的射箭比賽，稱"射禮"。這裡的"射"即指此。"皮"，指用獸皮做成的箭靶子。古代，箭靶子叫"侯"，用布做或用皮做。《儀禮·鄉射禮》："禮射不主皮。"射禮比賽，射箭應當以是否"中的"爲主，而不在於用力去射，把皮靶子穿透。這與作戰比武的"軍射"不同。那是提倡用力射的，有"射甲徹七札（穿透甲革七層）"之說。

2 力：指每個人天生的力氣。 科：指等級，類別。

子貢欲去告朔之餼羊[1]。子曰："賜也！爾愛其羊[2]，我愛其禮。"

【今譯】

子貢主張要把"告朔"時祭祖廟的那頭餼羊去掉。孔子說："端木賜呀！你愛惜的是那頭羊，我愛惜的卻是那種禮儀。"

【注釋】

1 告朔：陰曆的每月初一，叫"朔"。古代制度，諸侯在每月的初一來到祖廟，殺一隻活羊舉行祭禮，表示每月"聽政"的開始，叫"告朔"。其實，在當時的魯國，君主已不親自到祖廟去舉行"告朔"禮了。 餼（xì戲）：活的牲畜。

2 爾：代詞。你。

子曰："事君盡禮¹，人以爲諂也²。"

【今譯】

孔子說："事奉君主，完全按照周禮的規定，別人卻以爲這樣做是〔對君主〕諂媚。"

【注釋】

1 事：事奉，服務於。

2 諂（chǎn產）：諂媚，用卑賤的態度向人討好，奉承。

定公問¹："君使臣²，臣事君，如之何³？"孔子對曰："君使臣以禮，臣事君以忠。"

【今譯】

魯定公問："君主使用臣，臣事奉君主，應當怎樣呢？"孔子回答："君主使用臣應當以禮相待，

39

臣事奉君主應當以忠誠相待。"

【注釋】

1 定公：魯國的君主，姓姬，名宋，諡號"定"。襄公之子，昭公之弟，繼昭公而立。在位十五年（公元前509—前495年）。魯定公時，孔子擔任過司寇，代理過宰相。魯定公的哥哥昭公，曾被貴族季氏趕出國外。因此，魯定公詢問孔子，如何正確處理君臣關係，以維持政權。
2 使：使用。
3 如之何：如何，怎樣。"之"是虛詞。

子曰："《關雎》樂而不淫[1]，哀而不傷。"

【今譯】

孔子說："《關雎》篇，〔它的主題表現了〕快樂，而不放蕩；憂愁，而不悲傷。"

【注釋】

1 關雎（jū居）：《詩經》第一篇的篇名。因它的首句是"關關雎鳩，在河之洲"。故名。"雎鳩"，是古代所說的一種水鳥。"關關"，是雎鳩的鳴叫聲。這是一首愛情詩。古代也用這首詩作為對婚禮的祝賀詞。 淫：放縱，放蕩，過分。

哀公問社于宰我[1]。宰我對曰："夏后氏以松[2]，殷人以柏，周人以栗，曰：使民戰慄³。"子聞之，曰："成事不說，遂事不諫⁴，既往不咎⁵。"

【今譯】

魯哀公問宰我，祭祀土地神的神主〔要用什麼木料做牌位〕。宰我回答："夏朝人用松樹，商朝用柏樹，周朝用栗子樹。〔用慄的意思是〕說：讓老百姓戰慄。"孔子聽了以後，〔批評宰我〕說："已經做過的事不用再說了，已經完成的事不必再勸諫了，已經過去的事不要再去責備追究了。"

【注釋】

1 社：土地神。這裡指的是製作代表土地神的木頭牌位。 宰我：姓宰，名予，字子我。又稱宰我。魯國人。孔子早年的弟子。

2 夏后氏：本是部落名。相傳禹是部落領袖。禹的兒子啓，建立了我國歷史上第一個朝代——夏朝。後世指夏朝的人，就稱"夏后氏"。 以：用。 松：古人以為神要憑藉某種東西才能來享受人對神的祭祀，而把這種所憑藉的東西稱為"神主"（木製的牌位）。夏代人用松木做土地神的神主。一說，是指栽樹以作祭祀。夏代人居住在河東（今山西省西南部），山野適宜栽松樹；殷代人居住在北亳（今河南省商丘市以北），山野適宜栽柏樹；周代人，居住在酆鎬（fēng hào風浩）。（今陝西省西安市西北、西南一帶），山野適宜栽栗樹。

3 戰慄：因害怕而發抖，哆嗦。這裡，宰我"讓老百姓戰慄"的解釋有牽強之處，孔子不滿。

4 遂：已經完成，成功。 諫（jiàn見）：規勸，使改正錯誤。

5 咎(jiù舊)：責備。

子曰："管仲之器小哉[1]！"或曰："管仲儉乎？"曰："管氏有三歸[2]，官事不攝[3]，焉得儉[4]？""然則管仲知禮乎？"曰："邦君樹塞門[5]，管氏亦樹塞門。邦君爲兩君之好，有反坫[6]，管氏亦有反坫。管氏而知禮，孰不知禮？"

【今譯】

孔子説："管仲的器量小啊！"有人問："管仲節儉嗎？"〔孔子〕説："管仲家收取老百姓大量的市租，爲他家管事的官員也是一人一職而不兼任，哪能説是節儉呢？"〔那人又問：〕"那麽，管仲知禮嗎？"〔孔子〕説："國君在宫殿大門前樹立一道影壁短牆，管仲家門口也樹立影壁短牆。國君設宴招待別國的君主，舉行友好會見時，在堂上專門設置獻過酒後放空杯子的土台，管仲家也設置這樣的土台。若説管仲知禮，那誰算不知禮呢？"

【注釋】

1 管仲：姓管，名夷吾，字仲。一名管敬仲。齊國姬姓之後人。潁(yīng影)上(今安徽省西北部，淮河北岸，潁河下游)人。生年不詳，卒於公元前645年。春秋初期有名的政治家。幫助齊桓公以"尊王攘夷"相號召，使桓公成爲春秋時諸侯中第一個霸主。孔子與管仲的政見不一致,對管仲違背周禮的某些做法,孔子進行了批評。 器:氣量,度量,胸襟。

2 有三歸:指管仲將照例歸公的市租據爲己有。"三歸",指市租。

3 攝:兼任,兼職。當時,大夫的家臣,都是一人常兼數事。而管仲卻是設許多管事的家臣,一人一事一職。

4 焉得:怎麼可以,哪能算是。

5 邦君:諸侯,國君。 樹:樹立,建立。 塞門:"塞",遮蔽。古代,天子和諸侯,在宮殿大門口築上一道短牆作爲遮蔽物,以區別內外。也稱"蕭牆",相當於後世所說的"照壁","影壁"。天子的塞門在大門之外,諸侯的塞門在大門之內。

6 反坫:"坫(diàn電)",古代設於堂中,供祭祀或宴會時放禮器和酒具的土台子。反坫,是諸侯宴會時的一種禮節。指君主招待別國國君,舉行友好會見,獻過酒之後,把空杯子放回坫上。

> 子語魯大師樂[1],曰:"樂其可知也:始作,翕如也[2];從之[3],純如也[4],皦如也[5],繹如也[6],以成。"

【今譯】

孔子對魯國的樂官談演奏音樂,說:"奏樂的道理是可以知道的:開始時合奏和諧協調;樂曲展開以後,很美好,節奏分明,又連綿不斷,直到樂曲演奏終了。"

【注釋】

1 語：動詞。對……說。 大師："大"，同"太"。"大師"，就是"太師"，是國家主管音樂的官。

2 翕（xī 西）：和順，協調。一說，興奮，熱烈。

3 從：通"縱"。放縱，展開。

4 純：美好，善，佳。

5 皦（jiǎo 皎）：明亮，清晰，音節分明。

6 繹（yì 意）：連續，連綿不斷。

儀封人請見[1]，曰："君子之至于斯也[2]，吾未嘗不得見也。"從者見之[3]。出曰："二三子何患于喪乎[4]？天下之無道也，天將以夫子爲木鐸[5]。"

【今譯】

有一位在儀地防守邊界的官員，請求見孔子。他說："凡是君子到這地方來的，我從來沒有不能見的。"隨從孔子的弟子領這官員去見了孔子。這官員出來以後，〔對孔子的弟子們〕說："你們幾位何必擔心〔孔子〕沒有官職呢？天下無道，上天必將以孔子做爲發佈政令的木鐸。"

【注釋】

1 儀封人："儀"，地名，衛國的一個邑，在今河南省蘭考縣境內。"封"，邊界。儀封人，指在儀這個地方鎮守邊界的官員。一說，封人儀姓。孔子周遊列國，到過陳（今河南省淮陽縣）、蔡（今河南省上蔡縣西南）一帶，故能與儀地邊界的官員見面。

2 斯：代詞。這個地方。

3 從者：隨從孔子的弟子。

4 二三子：這裡是稱呼孔子弟子。"二三"，表示約數，猶言"各位"。"子"，對人的尊稱。　患：擔憂，犯愁，擔心。　喪：失去。這裡指孔子失掉官位，沒有官職。孔子原爲魯國的司寇，後離魯去衛，又去陳，政治抱負未能實現。

5 木鐸："鐸（duó 奪）"，一種金口木舌的大銅鈴。古代以召集羣衆，下通知，宣佈政敎法令，或在有戰事時使用。這裡是以"木鐸"作比喻，說孔子將能起到爲國家發佈政令的作用（管理天下）。

> 子謂《韶》¹："盡美矣²，又盡善也³。"謂《武》⁴："盡美矣，未盡善也。"

【今譯】

孔子談到《韶》這一樂舞説："美極了啊，又好極了。"談到《武》這一樂舞説："美極了啊，還不夠很好。"

【注釋】

1 韶（sháo 勺）：傳說上古虞舜時的一組樂舞，也叫"大韶"。古解："韶"就是"紹（繼承）"，舞樂主題表現了"舜紹堯之道德"，即指虞舜通過禪讓繼承帝位，故舞樂中有一種太和之氣，可以稱爲"盡善"。

2 美：指樂舞的藝術形式，音調聲容之盛美。

3 善：指樂舞的思想內容，蘊藉內涵之美。

4 武：周代用於祭祀的"六舞"之一，是表現周武王戰勝殷紂王的一組音樂和舞蹈,也叫"大武"。古解:武王用武除暴,爲天下所樂。《詩經·周頌》中有《武》篇,爲武王克殷後作,乃讚頌武王武功的樂舞歌詞。孔子認爲武王伐紂雖順應天意民心,但畢竟經過征戰,故說"未盡善"。

子曰:"居上不寬¹,爲禮不敬²,臨喪不哀,吾何以觀之哉!"

【今譯】
孔子說:"居上位,待人不寬厚;舉行儀禮時不恭敬;參加喪禮時不表示哀悼,我如何能看得下去呢?"

【注釋】
1 上:上位,高位。 寬:待人寬厚,寬宏大量。
2 敬:恭敬,鄭重,愼重。

里仁篇第四

(共二十六章)

主要講仁德的道理。

子曰:"里仁爲美¹。擇不處仁²,焉得知³?"

【今譯】

孔子説:"居住在有仁德的地方才是美好的。如果不選擇有仁德的住處,哪能算得上是明智呢?"

【注釋】

1 里:鄰里。周制,五家爲鄰,五鄰(二十五家)爲里。這裡用作動詞,居住。 仁:講仁德而又風俗淳厚的地方。一説,有仁德的人。文中的意思就是:與有仁德的人居住在一起,爲鄰里。
2 處:居住,在一起相處。
3 焉:怎麼,哪裡,哪能。

子曰:"不仁者不可以久處約¹,不可以長處樂²。仁者安仁,知者利仁³。"

【今譯】

孔子説:"沒有仁德的人,不能長久過窮困生活,也不能長久過安樂生活。有仁德的人才能安心於實行仁德,有智慧的人才能善於利用仁德。"

【注釋】

1 約:貧困,儉約。
2 樂:安樂,富裕。
3 知:同"智"。

子曰:"唯仁者能好人¹,能惡人²。"

【今譯】

孔子説:"只有有仁德的人,才能〔公正得當的〕喜愛某人,憎恨某人。"

【注釋】

1 好(hào 號):喜愛,喜歡。
2 惡(wù 務):厭惡,討厭。

子曰:"苟志于仁矣¹,無惡也²。"

【今譯】

孔子説:"〔一個人〕如果立志去實行仁德,那就不會去做壞事了。"

【注釋】

1 苟:假如,如果。 志:立志。
2 惡:壞,壞事。

子曰:"富與貴,是人之所欲也;不以其道得之,不處也¹。貧與賤,是人之所惡也;不以其道得之,不去也²。君子去仁,惡乎成名³?君子無終食之間違仁⁴,造次必于是⁵,顛沛必于是⁶。"

【今譯】

孔子說:"發財和升官,是人們所想望的,〔然而,〕若不是用正當的方法去獲得,君子是不接受的。生活窮困和地位卑微,是人們所厭惡的,〔然而,〕若不是用正當的方法去擺脫,君子是受而不避的。君子假如離開仁德,如何能成名呢?君子是連吃完一頓飯的工夫也不能違背仁的。〔即使是〕在最緊迫的時刻也必須按仁德去做,〔即使是〕在流離困頓的時候也必須按仁德去做。"

【注釋】

1 處:享受,接受。
2 去:避開,擺脫。
3 惡:同"烏"。相當於"何"。疑問副詞。怎樣,如何。

4 終食之間：吃完一頓飯的工夫。 違：違背，離開。
5 造次：緊迫，倉卒，急迫。 必于是：必須這樣做。"是"，代詞。這，此。
6 顛沛：本義是跌倒，僵仆。引申爲窮困，受挫折，流離困頓。

子曰："我未見好仁者，惡不仁者。好仁者，無以尚之[1]；惡不仁者，其爲仁矣，不使不仁者加乎其身。有能一日用其力于仁矣乎？我未見力不足者。蓋有之矣[2]，我未之見也[3]。"

【今譯】

孔子説："我沒見過愛好仁德的人，沒見過厭惡不仁的人。愛好仁德的人，是無法超過的；厭惡不仁的人，在實行仁德時，不會讓不仁德的人影響自己。有能在某一天用自己的力量去實行仁德的嗎？我還沒見過〔實行仁德而〕力量不夠的。這樣的人會有的，但我沒見過。"

【注釋】

1 尚：超過。
2 蓋：發語詞。表示肯定的語氣。
3 未之見：未見之。沒看到過這種人或這種情況。

子曰："人之過也，各于其黨[1]。觀

過，斯知仁矣²。"

【今譯】

孔子說："人的錯誤，各自同他那一類的人一樣。觀察一個人犯的什麼錯誤，就能知道是哪一類的人了。"

【注釋】

1 黨：本指古代地方組織，五百家爲黨。引申爲朋輩，意氣相投的人，同類的人。
2 斯：代詞。那。 仁：同"人"。一說，仁德。句中的意思則是：觀察一個人犯的什麼錯誤，就能知道是不是有仁德了。

子曰："朝聞道¹，夕死可矣。"

【今譯】

孔子說："早上明白知曉了真理，晚上就死去，也是可以的。"

【注釋】

1 聞：聽到，知道，懂得。 道：此指某種真理，道理，原則。也即我們所說的儒家之道。

子曰："士志于道¹，而恥惡衣惡食者，未足與議也。"

【今譯】

孔子説："士有志於道,而又以穿的衣服不好吃的飯菜不好爲恥辱,〔這種人〕是不值得與他談論的。"

【注釋】

1　士:讀書人,一般的知識份子,小官吏。

　　　子曰:"君子之于天下也,無適也,無莫也¹,義之與比²。"

【今譯】

孔子説："君子對於天下〔事情的處理〕,沒有一定要做的,也沒有一定不要做的,而是服從於義。"

【注釋】

1　適,莫:各家有三種解釋:一、"適",厚。"莫",薄。"無適無莫",是一視同仁,對人用情無親疏厚薄,不要有的親近,有的冷淡。二、"適",通"敵",指敵對。"莫",通"慕",愛慕。"無適無莫",是"無所爲仇,無所欣慕"。三、"適（dí 笛)",主,專主,固定不變。"莫",不肯,沒有。"無適無莫",是無可無不可,沒有一成不變的。天下的事,事無定形,而有定理。君子處理天下的事,沒有一定要做的,也沒有一定不要做的,而是唯義是從,只要符合義——合情合理,合於正義,該做便做,不該做便不做,怎麼幹合適恰當就怎麼幹。這是朱熹《四書集注》的説法。本書取此說。

2 義之與比：與義靠近，向義靠攏，也就是"與義比之"。"比 (bi 畢)"，從，靠近，親近。

> 子曰："君子懷德，小人懷土；君子懷刑[1]，小人懷惠。"

【今譯】

孔子說："君子關心的是道德教化，小人關心的是鄉土田宅；君子關心的是法度，小人關心的是實惠。

【注釋】

1 刑：指法度，典範。

> 子曰："放于利而行[1]，多怨。"

【今譯】

孔子說："爲追求私利而行動，會招來許多人的怨恨。"

【注釋】

1 放：通"仿"。仿照，效法，依照。引申爲一味追求。

> 子曰："能以禮讓爲國乎[1]，何有[2]？不

能以禮讓爲國,如禮何?"

【今譯】

孔子說:"能够以禮讓〔的原則〕來治理國家,那還有什麽困難呢?〔如果〕不能以禮讓來治國,如何能實行周禮呢?"

【注釋】

1 禮讓:按照周禮,注重禮儀與謙讓。
2 何有:有何,有什麽。這裡的意思指還有什麽困難。

子曰:"不患無位,患所以立[1]。不患莫己知,求爲可知也。"

【今譯】

孔子說:"不擔憂没有官職地位,擔憂的是自己没有能用以站得住脚的〔學問與本領〕。不擔憂没有人知道自己,只求自己能成爲值得別人知道的人。"

【注釋】

1 立:站得住脚,有職位,在社會有立足之地。

子曰:"參乎!吾道一以貫之。"曾子曰:"唯[1]。"子出,門人問曰:"何謂也?"曾子曰:"夫子之道忠恕而已矣[2]。"

【今譯】

孔子説:"曾參啊!我所主張的'道'是由一個根本的宗旨而貫徹始終的。"曾子説:"是的。"孔子走出去以後,別的弟子問〔曾參〕:"〔老師的話〕是什麼意思?"曾子説:"老師所主張的道,不過是忠恕罷了。"

【注釋】

1 唯:在這裡是應答詞。是的。
2 忠:忠誠,眞摯誠懇。 恕:不計較別人的過錯,對別人寬容。

子曰:"君子喻于義[1],小人喻于利[2]。"

【今譯】

孔子説:"君子懂得義,小人只知道利。"

【注釋】

1 喻:知道,明白,懂得。 義:公正合宜的道理或舉動,合乎正義。
2 利:私利,財利。

子曰:"見賢思齊焉[1],見不賢而內自省也[2]。"

【今譯】

孔子説:"看到賢人,就應該想到要向他看齊;看到不賢的人,就應該自我反省。"

【注釋】

1 賢:賢人,有德行有才能的人。 齊:平等,向……看齊,與……同等。
2 省(xing 醒):反省,內省,檢查自己的思想行爲。

子曰:"事父母幾諫¹。見志不從,又敬不違,勞而不怨²。"

【今譯】

孔子説:"侍奉父母,〔假如他們有什麼不對的地方,〕要委婉地進行勸説。看到父母從心裡不願聽從意見,還是要恭恭敬敬,而不要違背;爲父母而操勞,也不要怨恨。"

【注釋】

1 幾(jī 基):委婉,輕微,隱微。
2 勞:操勞,辛勞。一説,憂愁。

子曰:"父母在,不遠游¹,游必有方²。"

【今譯】

孔子説："父母在世，不要遠離家鄉；〔非要〕離開家鄉〔不可〕，也必須有一定的地方。"

【注釋】

1　游：離家出游。如"游學"、"游宦"。
2　游必有方：指讓父母知道所游的確定地方，而不要無固定地方地隨處飄泊，致使父母掛念擔心。"方"，方向，方位。

> 子曰："三年無改于父之道，可謂孝矣[1]。"

【今譯】

孔子説："〔父親死後〕如果三年都不改變他父親所堅持的原則，可以説是做到了孝。"

【注釋】

1　"三年"句：又見《學而篇第一》第十章。

> 子曰："父母之年，不可不知也。一則以喜，一則以懼[1]。"

【今譯】

孔子説："父母的年齡，不可以不知道。一方面爲他們〔年高〕而喜歡，一方面爲他們〔年高〕而擔心。"

【注釋】

1 懼：父母年紀大了就必然日益衰老、接近死亡，故憂懼擔心。

子曰："古者言之不出[1]，恥躬之不逮也[2]。"

【今譯】

孔子說："古代的人不〔輕易〕把話說出來，認爲說出卻做不到是恥辱的。"

【注釋】

1 古者：古代的人，也往往指古代有統治地位的、做官的人。
2 恥：羞愧，恥辱。在這裡是意動用法，以……爲恥。"行"比"言"難，"行"往往趕不上"言"；說了話，如果做不到，就會感到失信的恥辱。　躬：親身，親自。這裡指自己的行動。　逮：趕上。

子曰："以約失之者鮮矣[1]。"

【今譯】

孔子說："經常能約束自己的人，過失就少了。"

【注釋】

1 約：約束，檢束，謹慎節制。這裡指以一種立身處世的原則標準經常來約束自己。 失：過失，犯錯誤。鮮：少。

子曰："君子欲訥于言[1]，而敏于行[2]。"

【今譯】

孔子說："君子要謹慎地說話，而要敏捷地行動。"

【注釋】

1 訥：本義是說話言語遲鈍。這裡指說話謹慎，留有分寸。
2 敏于行："行"，行動，行爲。《四書集注》說："放言易，故欲訥；力行難，故欲敏。"意思與《學而篇第一》第十四章"敏于事而愼于言"相同。可參閱。

子曰："德不孤，必有鄰[1]。"

【今譯】

孔子說："有道德的人不會孤立，必然有同他相親近的人。"

【注釋】

1 鄰：鄰人，鄰居。這裡指思想品格一致，志向相同，能共同合作的人。

子游曰:"事君數[1],斯辱矣[2];朋友數,斯疏矣。"

【今譯】

子游說:"事奉君主,〔如果〕頻繁地反復提意見,就會招致羞辱;對待朋友,〔如果〕頻繁地反復提意見,就會造成疏遠。"

【注釋】

1 數(shuò碩):屢次,多次。這裡指頻繁、煩瑣地提意見,過分地反復進行勸諫。《四書集注》說:"事君,諫不行,則當去;導友,善不納,則當止。至於煩瀆,則言者輕、聽者厭矣。是以求榮而反辱,求親而反疏也。"一說,"數"讀shǔ(音暑)。列舉,數落,當面指責。則本章的意思是:應注意批評的方式方法,不要當面直說、指出對方的過失加以責備;這樣做,反而使對方臉面上下不來台,不容易接受,致"辱"致"疏"。

2 斯:副詞。就。

公冶長篇第五

(共二十八章)

主要講古今人物的賢否得失。

> 子謂公冶長[1]:"可妻也[2]。雖在縲絏之中[3],非其罪也。"以其子妻之[4]。

【今譯】

孔子說到公冶長:"可以把女兒嫁給他。他雖然被囚禁在監獄中,但不是他有罪過。"〔於是〕把女兒嫁給了公冶長。

【注釋】

1 公冶長:姓公冶,名長,字子芝。魯國人(一說,齊國人)。孔子的弟子。傳說懂得鳥語。

2 妻:本是名詞,在這裡作動詞用,讀 qì (音氣)。把女兒嫁給他。

3 縲絏 (léi xiè 雷謝):捆綁犯人用的黑色的長繩子。這裡代指監獄。

4 子:指自己的女兒。

> 子謂南容[1]:"邦有道[2],不廢[3];邦無

道,免于刑戮⁴。"以其兄之子妻之。

【今譯】

孔子談論南容,說:"國家有道的時候,他被任用做官;國家無道的時候,他也會避免受刑戮。"〔於是〕把哥哥的女兒嫁給了南容。

【注釋】

1 南容:姓南宫,名适(kuò闊),一作"括",又名縚(tāo濤),字子容。魯國孟僖子之子,孟懿子之兄(一説,弟),本名仲孫閲,因居於南宫,以之爲姓。諡號敬叔,故也稱南宫敬叔。孔子的弟子。

2 邦有道:指社會秩序好,政治清明,局面穩定,政權鞏固,國家太平興盛。

3 廢:廢棄,廢置不用。

4 刑戮:"戮(lù路)",殺。刑戮,泛指受刑罰,受懲治。

子謂子賤¹:"君子哉若人²!魯無君子者,斯焉取斯³?"

【今譯】

孔子談論子賤,説:"真是君子啊這個人!假如魯國没有君子,他從哪裡取得這種品德呢?"

【注釋】

1 子賤:姓宓(fú浮),名不齊,字子賤,魯國人。公元前521年生,卒年不詳。孔子的弟子。比孔子小四十九歲。子賤曾任單父(今山東省單縣)宰,史稱:"有才智,愛百姓,身不下堂,鳴琴而治。能尊師取友,以成其德。"著有《宓子》十六篇。

2 若:代詞。此,這。

3 斯:代詞。在句中,第一個"斯",是代指子賤這個人。第二個"斯",是代指君子的品德。 焉:疑問代詞。哪裡,怎麼,怎樣。 取:取得,獲得。

　　子貢問曰:"賜也何如[1]?"子曰:"女[2],器也。"曰:"何器也?"曰:"瑚璉也[3]。"

【今譯】

　　子貢問孔子:"我端木賜怎麼樣呢?"孔子說:"你,是個有用的器具。"〔子貢〕問:"是個什麼器具呢?"〔孔子〕說:"是瑚璉。"

【注釋】

1 何如:如何,怎樣。

2 女:汝,你。

3 瑚璉:古代祭祀時盛糧食(黍稷)用的一種貴重的器具,竹製,上面用玉裝飾,很華美,有方形的,有圓形的,夏代稱"瑚",殷代稱"璉"。在這裡,孔子用"瑚璉"比喻子貢,雖是有用之材,但也不過僅有一種具體的才幹,達不到最高標準的"君子不器"。

　　或曰[1]:"雍也仁而不佞[2]。"子曰:"焉用佞?御人以口給³,屢憎于人。不知其仁,焉用佞?"

【今譯】

有的人說:"冉雍啊,有仁德,而不能言善辯。"孔子說:"何必要能言善辯呢?〔能說會道的人〕同人家頂嘴,嘴快話多,常常引起別人的厭惡不滿。我不知道冉雍是不是做到有仁德,但哪裡用得上能言善辯呢?"

【注釋】

1 或:代詞。有的人。
2 雍:姓冉,名雍,字仲弓。魯國人。生於公元前522年,卒年不詳。孔子的弟子。 佞(ning濘):強嘴利舌,巧言花語。
3 御:抗拒,抵抗。這裡指辯駁對方,與人頂嘴。口給:"給(jǐ擠)",本義是豐足,也指言語敏捷。口給,指嘴巧,嘴快話多。孔子反對"巧言亂德"的人。

子使漆雕開仕¹,對曰:"吾斯之未能信²。"子說³。

【今譯】

孔子讓漆雕開去做官,〔漆雕開〕回答:"我對做官還沒有信心。"孔子〔聽了這話〕很高興。

【注釋】

1　漆雕開：姓漆雕，名開，字子開（一說，字子若）。蔡國人（一說，魯國人）。公元前 540 年生，卒年不詳。孔子弟子。

2　"吾斯"句："吾未能信斯"的倒裝。"斯"，做官的事。"信"，信心，相信，自信。這話是說自己還沒有達到"學而優則仕"的程度。

3　說：同"悅"。

　　子曰："道不行，乘桴浮于海¹。從我者²，其由與³！"子路聞之喜。子曰："由也好勇過我，無所取材⁴。"

【今譯】

孔子說："我的道得不到實行，就乘木筏漂到海上去。能跟隨我的人，可能只有仲由吧！"子路聽了這話很高興。孔子卻說："仲由啊，爭強好勇超過了我，〔其他方面〕沒有什麼可取的。"

【注釋】

1　桴（fú 扶）：用竹或木編成當船用的水上交通工具，大的叫"筏"，小一點的叫"桴"。

2　從：跟從，跟隨。

3　其：語助詞，表示揣測。大概，可能。　與：同"歟"。語助詞，表疑問，與"乎"同。

4　材：同"哉"。語助詞。一說，同"才"。才能，本領。另說，同"裁"。裁度事理。

孟武伯問："子路仁乎？"子曰："不知也。"又問。子曰："由也，千乘之國，可使治其賦也[1]，不知其仁也。""求也何如？"子曰："求也，千室之邑[2]，百乘之家[3]，可使爲之宰也[4]，不知其仁也。""赤也何如[5]？"子曰："赤也，束帶立于朝[6]，可使與賓客言也，不知其仁也。"

【今譯】

孟武伯問："子路能做到仁嗎？"孔子說："不知道。"他又問。孔子說："仲由啊，在一個有一千輛兵車的國家裡，可以讓他管理賦稅，掌握軍政，但是我不知道他能不能做到仁。"孟武伯問："冉求怎麼樣？"孔子說："冉求啊，可以讓他在一個有一千戶人家的公邑，或在有一百輛兵車的采邑裡，擔任總管。但是我不知道他能不能做到仁。"孟武伯問："公西赤怎麼樣？"孔子說："公西赤啊，可以讓他穿上禮服，繫上袍帶，站在朝廷大堂上，接待賓客，但是我也不知道他能不能做到仁。"

【注釋】

1 治其賦：古代以田賦地稅出兵役，故稱兵爲賦。治其賦，含有負責管理軍事政治的意思。

2 邑：古代居民的聚居點，相當於後世的城鎮，周圍的土地也歸屬於邑。邑,又可分爲"公邑","采邑"。"公邑",是直轄於諸侯的領地屬地;"采邑",是由諸侯分封給所屬的卿、大夫的領地。文中"千室之邑",指的是居有一千戶人家的城邑,當指"公邑"。

3 家:指的是卿、大夫的采地食邑。家,可設"家臣",以管理政務。

4 宰:最早的意思是奴隸的總管。後來是官吏的通稱。邑的行政長官也稱宰(相當於縣長)。

5 赤:姓公西,名赤,字子華,魯國人。公元前509年生,卒年不詳。孔子的弟子。

6 束帶:整理衣服,紮好衣帶。這裡指穿上禮服去上朝。

子謂子貢曰:"女與回也[1],孰愈[2]?"對曰:"賜也何敢望回[3]?回也聞一以知十,賜也聞一以知二。"子曰:"弗如也[4],吾與女,弗如也[5]。"

【今譯】

孔子問子貢:"你與顏回相比,誰更強一些?"子貢回答:"我怎麼敢同顏回比呢?顏回聽到一件事可以推測知道十件事,我聽到一件事只能推知兩件事。"孔子説:"〔你〕是不如他,我贊同你的話,〔你〕是不如他。"

【注釋】

1 女:汝,你。

2 孰：誰。 愈：勝過，更好，更強。
3 望：比。
4 弗：不。
5 與：動詞。贊同，同意。

> 宰予晝寢。子曰："朽木不可雕也，糞土之牆不可杇也¹。于予與何誅²?"子曰："始吾于人也，聽其言而信其行；今吾于人也，聽其言而觀其行。于予與改是³。"

【今譯】

宰予白天睡大覺。孔子說："〔真像是〕腐朽的木頭不能再雕刻什麼了，糞土的牆壁不能再粉刷了。對於宰予這個人，何必再譴責他呢?"孔子又說："開始時，我對於人，是聽了他的話便相信他的行為；現在，我對於人，是聽了他的話還要觀察他的行為。宰予這個人使我改變了觀察人的方法。"

【注釋】

1 杇（wū 污）：同"圬"。本指用灰泥抹牆的工具，俗稱"抹子"。這裡作動詞用，指粉刷牆壁。
2 與：同"歟"。語氣詞，在這裡表停頓。 誅：譴責，責備，指責。
3 是：代詞。此，這。在這裡指代觀察人的方法。

子曰:"吾未見剛者。"或對曰:"申棖¹。"子曰:"棖也欲²,焉得剛?"

【今譯】

孔子説:"我没見過剛强不屈的人。"有人回答:"申棖〔是剛强的人〕。"孔子説:"申棖啊,個人慾望太多,怎麽能剛强?"

【注釋】

1 申棖(chéng 成):姓申,名棖,字周,魯國人。孔子的弟子。一説,就是申黨(見《史記·仲尼弟子列傳》)。另作"申棠"。
2 欲:慾望多。

子貢曰:"我不欲人之加諸我也¹,吾亦欲無加諸人。"子曰:"賜也,非爾所及也²。"

【今譯】

子貢説:"我不願别人〔把某事〕强加給我,我也願意不〔把事情〕强加給别人。"孔子説:"端木賜呀,這不是你所能做到的。"

【注釋】

1 諸:"之于"的合音。
2 爾:你。

子貢曰:"夫子之文章[1],可得而聞也;夫子之言性與天道[2],不可得而聞也。"

【今譯】

子貢説:"老師關於文獻方面的學問,我們可以學到領會;老師關於人性和天道的論述,我們卻學不到領會不到。"

【注釋】

1 文章:指禮樂法度、詩、書、史等各種古代文獻中的學問。
2 性:人的自然本性。 天道:天命。這裡指自然萬物和人類社會的吉凶禍福的關係。

子路有聞,未之能行,唯恐有聞[1]。

【今譯】

子路聽到某一道理,在還没實行的時候,唯恐又聽到另一道理。

【注釋】

1 有:同"又"。

子貢問曰:"孔文子何以謂之'文'

也¹?"子曰:"敏而好學,不恥下問,是以謂之'文'也。"

【今譯】

子貢問道:"孔文子〔的諡號〕爲什麽稱'文'呢?"孔子説:"〔他〕聰敏,愛好學習,向下面的人請教而不以爲恥,所以稱他爲'文'。"

【注釋】

1 孔文子:衛國的執政上卿,姓孔,名圉(yǔ雨),字仲叔。"文",是諡號。古代,帝王、貴族、大臣等死後,根據他生前的品德、事跡,所給予的表示褒貶的稱號稱諡號。"子",是對孔圉的尊稱。孔圉死於魯哀公十五年(公元前480年)。

子謂子産¹:"有君子之道四焉:其行己也恭,其事上也敬,其養民也惠,其使民也義。"

【今譯】

孔子説到子産:"〔他〕具有君子的四種道德:在行爲方面,他自己很莊重,謙遜謹慎;他事奉君主,很恭敬順從;他對待人民,注意給予恩惠利益;他役使人民,注意合乎義理。"

【注釋】

1　子產：名僑，字子產，鄭國大夫，是鄭穆公的孫子，公子發之子，擔任過正卿（相當於宰相）。生年不詳，卒於公元前522年。是春秋末期傑出政治家。他在鄭簡公、鄭定公時，執政二十二年，有過許多改革措施，因而得到人民的擁護。當時曾被孔子稱爲"仁人"，"惠人"。

　　　子曰："晏平仲善與人交[1]，久而敬之[2]。"

【今譯】

　　孔子説："晏平仲善於同別人交往，相處愈久，別人愈尊敬他。"

【注釋】

1　晏平仲：姓晏，名嬰，字仲。夷維（今山東省高密縣）人。齊國大夫，歷任靈公、莊公、景公三世，曾任宰相，是當時著名政治家。生年不詳，卒於公元前500年。死後，諡號爲"平"，故稱他"晏平仲"。傳世有《晏子春秋》，係戰國時人收集晏嬰的言行編輯而成。　善：在某一方面具有特長，擅長，長於。

2　之：代詞，代晏嬰。一説，"之"指代朋友。此句意思是：晏嬰與友處久，仍敬友如新。

　　　子曰："臧文仲居蔡[1]，山節藻梲[2]，何如其知也[3]？"

【今譯】

孔子説："臧文仲爲大烏龜蓋了房子，把房子的斗拱雕成山形，房樑短柱上畫了水草，〔這個人〕怎麼能説是明智呢？"

【注釋】

1　臧文仲：魯國的大夫，姓臧孫，名辰，字仲。生年不詳，卒於公元前 617 年。死後諡號"文"。曾被孔子批評爲"不仁""不智"。　居蔡："蔡"，春秋時的蔡國，在今河南省上蔡、新蔡一帶。蔡國出産大烏龜。據《淮南子·説山訓》："大蔡神龜，出於溝壑。"這裡用"蔡"代指大烏龜。"居"，居處，房子。這裡用作動詞。古代常用烏龜殼來占卜吉凶，"居蔡"是指爲大烏龜蓋上房子藏起來以備占卜用。

2　山節藻梲："節"，是房柱子頭上的斗拱；"山節"，是把斗拱雕刻成山的形狀。"藻"，是水草；"梲（zhuō 桌）"，是房子大樑上的短柱；"藻梲"，是把短柱上畫上花草圖案。山節藻梲，也就是俗説的"雕樑畫棟"，是古代建築物的豪華裝飾，只有天子才能把大烏龜殼藏在如此豪華的房屋裡。臧文仲也這樣做，顯然是"越禮"行爲。

3　何如：如何，怎麼。　知：同"智"。明智，懂事理。

子張問曰："令尹子文三仕爲令尹[1]，無喜色；三已之[2]，無愠色。舊令尹之政，必以告新令尹。何如？"子曰："忠矣。"曰："仁矣乎？"曰："未知。焉得仁？""崔子弑齊君[3]，陳文子有馬十乘[4]，棄而違之[5]，至于他邦，則曰：'猶吾大夫崔子也。'違之。之一邦，則又曰：'猶吾大夫崔子也。'違之。何如？"子曰："清矣。"曰："仁矣乎？"曰："未知。焉得仁？"

【今譯】

子張問孔子："令尹子文幾次擔任宰相，沒表現出高興的臉色；幾次被罷免，也沒表現出怨恨的臉色。〔每次免職時〕一定把自己舊日的一切政令公務告訴新任的宰相。〔這個人〕怎麼樣呢？"孔子說："夠得上忠啊。"〔子張〕說："夠得上仁了嗎？"〔孔子〕說："不知道。這怎麼能算是仁呢？"〔子張又問：〕"崔子殺了齊莊公，陳文子有四十匹馬，捨棄不要，離開齊國。到了另一國，說：'〔這裡的執政者〕好比我國的大夫崔子一樣。'又離開了。再到另一國，又說：'〔這裡的執政者〕好比我國的大夫崔子一樣。'又離開了。〔那麼，這個人〕怎樣呢？"孔子說："夠得上清白了。"〔子張〕說："夠得上仁了嗎？"〔孔子〕說："不知道。這怎麼能算是仁呢？"

【注釋】

1 令尹：楚國的官職名，相當於宰相。 子文：姓鬭(dòu 豆)，名穀於菟(gòu wū tú 構烏徒)，字子文，是楚國著名的賢相。 三仕："三"，是虛數，不一定只指三次，而是代表多次，幾次。"仕"，是做官，擔任職務。

2 三已：多次被免職。"已"，本義是停止，完，畢。

這裡指罷免,去職。

3 崔子:指齊國大夫崔杼(zhù助)。他把齊莊公殺了。 弒(shì式):古時稱臣殺死君主或子女殺死父母。齊君:指齊莊公。姓姜,名光。

4 陳文子:齊國的大夫,名須無。崔杼殺死齊莊公時,陳文子離開齊國,兩年後又返回。

5 違:離別,離開。

季文子三思而後行[1]。子聞之,曰:"再[2],斯可矣。"

【今譯】

季文子要三次考慮以後才去做某一件事。孔子聽到這事,說:"考慮兩次,就可以了。"

【注釋】

1 季文子:魯國的大夫,姓季孫,名行父。"文"是他死後的謚號。生年不詳,卒於公元前568年。歷仕魯文公、魯宣公,至魯成公、魯襄公時擔任正卿。史稱他"無衣帛之妾,無食粟之馬,無金玉重器,忠於公室者也"。因他世故太深,過為謹慎,遇事計較禍福利害太多,容易徇私,私意起而反惑。所以,孔子才說了這番話。孔子還曾說:"事有貴于剛決,多思轉多私。"也是這個意思。

2 再:再次,第二次。作副詞用,後面省略了動詞"思"。

子曰:"寧武子[1],邦有道,則知[2];邦無道,則愚[3]。其知可及也,其愚不可及也。"

【今譯】

孔子說:"寧武子,當國家有道的時候,他顯得聰明;當國家無道的時候,他就裝傻。他的那種聰明,別人是可以趕得上的;他的那種裝傻,別人可就趕不上了。"

【注釋】

1 寧武子:衛國人,莊公之子,文公、成公時的大夫。姓寧,名俞。"武",是他死後的諡號。
2 知:同"智"。
3 愚:本義是愚笨。這裡指裝傻。

子在陳曰[1]:"歸與[2]!歸與!吾黨之小子狂簡[3],斐然成章[4],不知所以裁之[5]。"

【今譯】

孔子在陳國時,說:"回去吧!回去吧!我們家鄉的學生們,志向遠大,心氣挺高,而行爲粗率簡單,文采都有可觀的成就,我不知道該怎樣去節制、指導他們。"

【注釋】

1 陳:春秋時的古國,嬀(guī 規)姓。商殷滅亡後,周武王找到了舜的後代嬀滿,封他於陳。其地約在今河南省東部（開封市以東）、安徽省北部（亳縣以北）一帶，故都在宛丘（今河南省淮陽縣）。春秋末年，陳國被楚國所滅。

2 與：同"歟"。語氣助詞。

3 吾黨：我的故鄉（魯國）。古代五百家爲一黨。 狂簡："狂"，指心氣很高，志向遠大；"簡"，指行爲粗率，簡單化，做法不高明。

4 斐然："斐（fēi 匪）"，本義指五色錯雜。形容有文采的樣子。 章：花紋，文采。引申爲文學，文章。

5 裁：節制，控制。這裡有"指導"的意思。此句，《史記·孔子世家》爲"吾不知所以裁之"。由此推斷，文中省略的主語應是"吾"。

子曰："伯夷、叔齊不念舊惡[1]，怨是用希[2]。"

【今譯】

孔子說："伯夷、叔齊，不記過去的仇怨，〔人們對他〕怨恨因此就少了。"

【注釋】

1 伯夷、叔齊：是殷朝末年一個小國的國君孤竹君的兩個兒子，姓墨胎。兄伯夷（一說，名允，字公信，"夷"是諡號），弟叔齊（一說，名智，字公達，"齊"是諡號）。孤竹君死後，伯夷、叔齊兄弟二人互相讓位，誰都不肯做國君。後來，二人都逃到周文王所管轄的區域。周武王興兵伐紂時，他們曾攔車馬進行勸阻。周滅殷後，傳說他們二人對改朝換代不滿而恥食周粟，隱居在首陽山，採薇（一種野菜）爲食，終於餓死。

2 是用：因此。 希：同"稀"。少。

子曰："孰謂微生高直[1]？或乞醯焉[2]，乞諸其鄰而與之。"

【今譯】

孔子説："誰説微生高這個人直爽呀？有人向他要點醋，他〔沒直説沒有，卻是〕到他的鄰居家去要了點醋，給了那人。"

【注釋】

1 微生高：姓微生，名高。《莊子》、《戰國策》中又稱"尾生高"。魯國人。以直爽、守信而著稱。傳説他與一女子相約在橋下見面。女子沒按時來，尾生高守信不移，一直在約會處等候。後來，河水暴漲，尾生高抱住橋柱子死守，終被淹死。後世戲曲以此情節編爲"蘭橋會"。

2 醯（xī 西）：醋。

子曰："巧言，令色，足恭，左丘明恥之[1]，丘亦恥之。匿怨而友其人[2]，左丘明恥之，丘亦恥之。"

【今譯】

孔子説："花言巧語，假裝出一副好看的臉色，表現出過分的恭敬，對這種人，左丘明以爲可恥，我孔丘也以爲可恥。把怨恨隱藏在心裡，表面上卻假裝出一副與人友善要好的樣子,對這種人,左丘明以爲可恥,我孔丘也以爲可恥。"

【注釋】

1 左丘明:春秋時魯國人,擔任過魯國的太史(朝廷史官),乃楚左史倚相之後,與孔子同時或較早於孔子。相傳左丘明曾爲《春秋》作傳(稱爲《左傳》),又作《國語》(也有學者認爲,《左傳》和《國語》的作者並非一人,二書也並非左丘明所作)。又傳說,左丘明是個瞎子,故有"左丘失明"之說。

2 匿:隱藏起來,不讓人知道。

顏淵、季路侍[1]。子曰:"盍各言爾志[2]?"子路曰:"願車馬衣裘[3],與朋友共,敝之而無憾。"顏淵曰:"願無伐善[4],無施勞[5]。"子路曰:"願聞子之志。"子曰:"老者安之,朋友信之,少者懷之。"

【今譯】

顏淵、子路在孔子身邊侍立。孔子說:"何不各自說說你們自己的志向?"子路說:"願意有車馬乘坐,穿又輕又暖的皮衣,而且拿出來與朋友共同使用,就是用壞了穿破舊了,也不抱怨。"顏淵說:"我願意不誇耀自己的長處,不表白自己的功勞。"子路〔轉問〕說:"願意聽聽老師您的志向。"孔子說:"使年老的人們得到安康舒適,使朋友們互相得到信任，使年輕的孩子們得到關懷養護。"

【注釋】

1 季路：即子路。因侍於季氏，又稱季路。 侍：服侍，陪從在尊長身邊站着。《論語》中，單用"侍"字，指孔子坐着，弟子站着。用"侍坐"，指孔子坐着，弟子也坐着。用"侍側"，指弟子陪從孔子，或立或坐。
2 盍（hé 何）：何不。
3 裘（qiú 求）：皮衣。
4 伐：誇耀，自誇。
5 施：表白。一說，"施"，是施加給別人。句中"無施勞"，是不把勞苦的事加在別人身上，即自己不辭勞苦，對勞累的事不推脫。

子曰："已矣乎[1]！吾未見能見其過而內自訟者也[2]。"

【今譯】

孔子說："罷了啊！我還沒見過看到自身的錯誤而能發自內心自我責備的人。"

【注釋】

1 已：罷了，算了。下面的"矣""乎"，都是表示絕望的感歎助詞。
2 訟（sòng 宋）：責備，爭辯是非。

子曰："十室之邑¹，必有忠信如丘者焉，不如丘之好學也。"

【今譯】

孔子説："就是十戶人家的小村邑裡，也一定有如同我這樣講究忠信的人，〔只是〕不如我這樣愛好學習啊。"

【注釋】

1　十室：十戶人家。古時，九夫爲井，四井爲邑，一邑共有三十二戶人家。"十室之邑"極言其小，是指尚且不滿三十二家的小村邑。

雍也篇第六

(共三十章)

主要講孔子與弟子們的言行。

> 子曰："雍也，可使南面[1]。"

【今譯】

孔子說："冉雍啊，可以讓他坐尊位做卿大夫。"

【注釋】

1　南面：就是臉朝南。古代以坐北朝南爲尊位、正位。從君王、諸侯、將、相到地方軍政長官，坐堂聽政，都是面南而坐。

> 仲弓問子桑伯子[1]。子曰："可也，簡[2]。"仲弓曰："居敬而行簡[3]，以臨其民[4]，不亦可乎？居簡而行簡，無乃大簡乎[5]？"子曰："雍之言然。"

【今譯】

仲弓問子桑伯子這個人怎麼樣。孔子説："還可以，辦事簡要。"仲弓説："爲人嚴肅認真，嚴格要求自己，又辦事簡要，用這樣的方法去對待人民，不也是可以的嗎？〔但是〕爲人隨便，辦事又簡易粗率，〔如果那樣〕豈不是太簡單化了嗎？"孔子説："冉雍，你的話是對的。"

【注釋】

1 仲弓：就是冉雍。 子桑伯子：人名。其身世情況不詳。有的學者認爲，子桑伯子是魯國人，即《莊子》中所説的"子桑戶"，與"琴張"爲友。又有人以爲是秦穆公時的"子桑"（公孫枝）。但皆無確考。
2 簡：簡單，簡約，不煩瑣。
3 居：平時的做人，爲人，居心。
4 臨：面對，面臨。這裡含有治理的意思。
5 無乃：豈不是，難道不是。 大：同"太"。

哀公問："弟子孰爲好學？"孔子對曰："有顏回者好學，不遷怒[1]，不貳過[2]。不幸短命死矣。今也則亡[3]，未聞好學者也。"

【今譯】

魯哀公問："〔你的〕學生中誰是愛好學習的呢？"孔子回答："有一個叫顏回的，很好學，〔他從來〕不拿別人出氣，不犯同樣的過錯。〔但〕不幸短命死了。現在就没有那樣的人了,没聽到有好學的人啊。"

【注釋】

1 遷怒:指自己不如意時,對別人發火生氣;或受了甲的氣,卻轉移目標,拿乙去出氣。"遷",轉移。
2 貳:二,再一次,重複。
3 亡:同"無"。

　　子華使于齊[1],冉子爲其母請粟[2]。子曰:"與之釜[3]。"請益[4]。曰:"與之庾[5]。"冉子與之粟五秉[6]。子曰:"赤之適齊也[7],乘肥馬,衣輕裘[8]。吾聞之也,君子周急不繼富[9]。"

【今譯】

　　子華出使去齊國,冉求爲子華的母親請求給些小米。孔子説:"給他六斗四升。"冉求請求再增加些。孔子説:"再給他二斗四升。"冉求卻給了他小米八十石。孔子説:"公西赤到齊國去,乘坐肥馬駕的車,身穿又輕又暖的皮衣。我聽説過,君子應周濟急需的人,而不要使富人更富。"

【注釋】

1 子華:即公西赤。
2 冉子:即冉求。"子"是後世記錄孔子和他的弟子的言行時加上的尊稱。　粟：穀子，小米。

3　釜（fǔ府）：古代容量名。一釜當時合六斗四升。古代的斗小，一斗約合現在二升，一釜約等於現在一斗二升八合。一釜糧食僅是一個人一月的口糧。

4　益：增添，增加。

5　庾（yǔ雨）：古代容量名。一庾合當時二斗四升，約合現在四升八合。一說，一庾當時合十六斗，約合現在三斗二升。

6　秉（bǐng餅）：古代容量名。一秉合十六斛，一斛合十斗。"五秉"，就是八百斗（八十石）。約合現在十六石。

7　適：往，去。

8　衣（yì義）：穿。

9　周：周濟，救濟。　繼：接濟，增益。

原思爲之宰¹，與之粟九百²，辭。子曰："毋³！以與爾鄰里鄉黨乎⁴！"

【今譯】

原思爲孔子家做總管，〔孔子〕給他小米九百斗，〔原思〕推辭不要。孔子說："不要推辭！拿給你家鄉的人們吧！"

【注釋】

1　原思：孔子的弟子。姓原，名憲，字子思。魯國人（一說，宋國人）。生於公元前515年，卒年不詳。孔子在魯國任司寇（司法官員）時，原思在孔子家做過總管（家臣）。孔子死後，原思退隱，居衛國。　之：指代孔子。

2　之：代指原思。　九百：九百斗。一說，指九百斛，則是九百石。不可確考。

3 毋：不要，勿。

4 鄰里鄉黨：古代以五家爲鄰，二十五家爲里，五百家爲黨，一萬二千五百家爲鄉。這裡泛指原思家鄉的人們。

子謂仲弓，曰："犁牛之子騂且角[1]，雖欲勿用，山川其舍諸[2]？"

【今譯】

孔子談論仲弓，說："耕牛生的一個小牛犢，長着整齊的紅毛和周正的硬角，雖然不想用牠〔作爲犧牲祭品〕，山川之神怎麼會捨棄牠呢？"

【注釋】

1 "犁牛"句："犁牛"，雜色的耕牛。"子"，指小牛犢。"騂"，赤色牛。周代崇尚赤色，祭祀用的牛，要求是長着紅毛和端正的長角的牛，不能用普通的耕牛來代替。這裡用"犁牛之子"，比喻冉雍（仲弓）。據說冉雍的父親是失去貴族身份的"賤人"，品行也不好。孔子認爲，冉雍德行才學都好，子能改父之過，變惡以爲美，是可以做大官的（當時冉雍擔任季氏的家臣）。

2 山川：指山川之神。這裡比喻君主或貴族統治者。

其：表示反問的語助詞。怎麼會，難道，哪能。 舍：捨棄，不用。

子曰："回也，其心三月不違仁[1]，其餘則日月至焉而已矣[2]。"

【今譯】

孔子説:"顏回啊,他的心可以在長時間內不違背仁德,其餘的〔弟子們〕只能在短時間內做到仁德而已。"

【注釋】

1 三月:不是具體指三個月,而是泛指較長的時間。
2 日月:一天,一月。泛指較短的時間,偶爾。 至:達到,做到。

季康子問[1]:"仲由可使從政也與?"子曰:"由也果,于從政乎何有[2]?"曰:"賜也可使從政也與?"曰:"賜也達,于從政乎何有?"曰:"求也可使從政也與?"曰:"求也藝,于從政乎何有?"

【今譯】

季康子問:"仲由,可以讓他做官從政嗎?"孔子説:"仲由果斷勇敢,對於從政有什麼困難呢?"〔季康子〕説:"端木賜,可以讓他做官從政嗎?"〔孔子〕説:"端木賜通達事理,對於從政有什麼困難呢?"〔季康子〕説:"冉求,可以讓他做官從政嗎?"〔孔子〕説:"冉求,多有才能,對於從政有什麼困難呢?"

【注釋】

1　季康子：季桓子之子，公元前492年繼其父任魯國正卿。孔子的弟子冉求，曾幫助季康子推行革新。
2　何有：有何困難。

季氏使閔子騫爲費宰¹。閔子騫曰："善爲我辭焉！如有復我者，則吾必在汶上矣²。"

【今譯】
季氏派人去請閔子騫擔任費邑的行政長官。閔子騫〔對來的人〕說："請好好地爲我辭掉吧！如果第二次再來找我，那我必定是在汶河以北了。"

【注釋】
1　閔子騫（qiān 千）：姓閔，名損，字子騫。魯國人。公元前536年生，公元前487年卒（一說，公元前515—？）。孔子早年的弟子。相傳是有名的孝子，受到孔子的讚賞。其德行與顏淵並稱於世。　費：此讀 bì，音畢，是季氏的封邑，在今山東省費縣西北（故城在平邑縣東南七十里）。因爲季氏不歸順魯國，他的封邑的總管（邑宰，相當於一個縣長）經常同他作對，所以，他想請閔子騫去做費宰。
2　在汶上："汶（wèn 問）"，今山東省的大汶河。當時汶水在齊國的南面，魯國的北面，流經齊魯之間。在汶上，就是在汶水之上（汶水以北），暗指要由魯國去齊國，不願爲季氏做事。宋代朱熹在《四書集注》中議論閔子騫：處亂世，遇惡人當政，"剛則必取禍，柔則必取辱"，走到他處以保存自己，這種做法是可取的。

伯牛有疾[1]，子問之，自牖執其手[2]，曰："亡之，命矣夫[3]！斯人也而有斯疾也，斯人也而有斯疾也！"

【今譯】

伯牛有病，孔子去探望，從窗戶外面握着伯牛的手，說："要永別了，是命運吧！這樣〔好〕的人竟有了這樣的病啊！這樣〔好〕的人竟有了這樣的病啊！"

【注釋】

1 伯牛：孔子的弟子。姓冉，名耕，字伯牛。魯國人。孔子任魯國司寇時，冉伯牛曾任中都宰，有德行。傳說他患的是"癩病"（即麻瘋病），當時爲不治之症。

2 牖（yǒu 友）：窗戶。

3 夫（fú 扶）：語氣助詞。表示感歎，相當於"吧"，"啊"。

子曰："賢哉，回也！一簞食[1]，一瓢飲，在陋巷，人不堪其憂，回也不改其樂。賢哉，回也！"

【今譯】

孔子說："品德好呀，顏回啊！一竹筒子飯，一瓢水，住在簡陋狹小的巷子裡，一般人都忍受不了這種困苦憂愁，顏回卻不改變他〔愛學樂善〕的快樂。品德好呀，顏回啊！"

【注釋】

1 簞（dān 丹）：古時盛飯食用的一種圓形竹器。 食（sì 四）：飯。

> 冉求曰："非不說子之道¹，力不足也。"子曰："力不足者，中道而廢，今女畫²。"

【今譯】

冉求〔對孔子〕說："我並非不喜歡您的道理，而是我的力量不夠。"孔子說："力量不夠的話，是走到中途〔力量用盡不得已〕才廢棄而停止，但現在你是給自己畫了一條截止的界線。"

【注釋】

1 說：同"悅"。喜歡，愛慕。
2 女：同"汝"。你。 畫：畫線爲界。畫地以自限，則止而不進。

> 子謂子夏曰："女爲君子儒¹，無爲小人儒。"

【今譯】

孔子對子夏說："你要做君子式的儒者，不要做小人式的儒者。"

【注釋】

1 女：你。 君子儒："儒"古時本指爲人們主持辦理喜事喪事禮節儀式的一種專門職業，即贊禮者（也稱"相"）。"君子儒"，指通曉周禮典章制度，道德品質、人格高尚的儒者；反之，就是"小人儒"。

> 子游爲武城宰[1]。子曰："女得人焉耳乎[2]？"曰："有澹台滅明者[3]，行不由徑[4]，非公事，未嘗至于偃之室也[5]。"

【今譯】

子游任武城縣官。孔子說："在你管的地區你得到什麼人才了嗎？"〔子游〕說："有個名叫澹台滅明的人，走路從來不抄小道，不是爲公事，從不到我的居室來。"

【注釋】

1 武城：魯國的城邑。即今山東省嘉祥縣。一說，武城在山東省費縣西南。
2 焉耳：猶言"于此"。"耳"，同"爾"。
3 澹（tán 談）台滅明：姓澹台，名滅明，字子羽。武城人。爲人公正。後來成爲孔子的弟子。傳說澹台滅明狀貌甚醜，孔子曾以爲他才薄。而後，澹台滅明受業修行，名聞於世。孔子歎說："吾以貌取人，失之子羽。"

4 徑：小路，捷徑。引申爲正路之外的邪路。
5 偃：即子游。姓言名偃，字子游。這裡是子游自稱。

子曰："孟之反不伐¹。奔而殿²，將入門，策其馬³，曰：'非敢後也，馬不進也。'"

【今譯】

孔子說："孟之反不誇耀自己。敗退時，他留在最後面，將要進城門時，他鞭打了一下自己的馬，說：'不是我勇敢要殿後，是馬〔跑不快〕不往前進啊。'"

【注釋】

1 孟之反：姓孟，名側，字之反（《左傳》作"孟之側"，《莊子》作"孟子反"）。魯國的大夫。 伐：誇耀功勞。
2 奔：敗走。 殿：殿後，即行軍走在最後。魯哀公十一年（公元前484年），齊國進攻魯國，魯迎戰，季氏宰冉求所率領的右翼軍隊戰敗。撤退時，衆軍爭先奔走，而孟之反卻在最後作掩護。故孔子稱讚孟之反：人有功不難，不誇功爲難。
3 策：鞭打。

子曰："不有祝鮀之佞¹，而有宋朝之美²，難乎免于今之世矣。"

【今譯】

孔子説:"如果没有祝鮀的能言善辯,没有宋朝的美貌,是難以在當今之世免遭灾禍的。"

【注釋】

1 祝鮀（tuó 駝）:姓祝,名鮀,字子魚。衛國的大夫。因他擅長外交辭令,能言善辯,而又會阿諛逢迎,受到衛靈公的重用。
2 而:同"與"。和,二者兼有。 宋朝:宋國的公子朝,貌美聞名於世。《左傳·昭公二十年》及《定公十四年》記述公子朝與襄夫人宣姜私通,並參與發動禍亂,出奔到衛國。又以貌美,與衛靈公夫人南子私通,而受到寵幸。

子曰:"誰能出不由户[1]?何莫由斯道也[2]?"

【今譯】

孔子説:"誰能外出而不經過屋門呢?爲何没有人由〔我指出的〕這條道走呢?"

【注釋】

1 户:門。
2 何莫:爲什麼没有。 斯道:這條路。指孔子所主張的仁義之道。

子曰:"質勝文則野[1],文勝質則史[2]。文質彬彬[3],然後君子。"

【今譯】

孔子說:"〔內在的〕質樸勝過〔外在的〕文采,就未免粗野;〔外在的〕文采勝過〔內在的〕質樸,就未免浮誇虛僞。只有把文采與質樸配合恰當,然後才能成爲君子。"

【注釋】

1 質:質地,質樸、樸實的內容,內在的思想感情。孔子認爲,仁義是質。 文:文采,華麗的裝飾,外在的禮儀。孔子認爲,禮樂是文。

2 史:本義是宗廟裡掌禮儀的祝官,官府裡掌文書的史官。這裡指像"史"那樣,言詞華麗,虛浮鋪陳,心裡並無誠意。含有浮誇虛僞的貶義。

3 彬彬:文質兼備相稱;文與質互相融和,配合恰當。

子曰:"人之生也直[1],罔之生也幸而免[2]。"

【今譯】

孔子說:"一個人能生存,是由於正直;不正直的人也能生存,不過是由於僥倖而避免了禍患。"

【注釋】

1 直:正直,無私曲。

2 罔(wǎng 往):誣罔,虛妄。指不正直的人。

子曰:"知之者不如好之者[1],好之者不如樂之者。"

【今譯】

孔子說:"〔對任何事業,〕知道它的人,不如愛好它的人;愛好它的人,不如以實行它爲快樂的人。"

【注釋】

1 好(hào號):喜愛。

子曰:"中人以上,可以語上也[1];中人以下,不可以語上也。"

【今譯】

孔子說:"對有中等水平以上才智的人,可以講高深的知識學問;對中等水平以下才智的人,不可以講那些高深的知識學問。"

【注釋】

1 語:告,講,說。

樊遲問知[1],子曰:"務民之義[2],敬鬼神而遠之,可謂知矣。"問仁,曰:"仁者先難而後獲，可謂仁矣。"

【今譯】

樊遲問，怎樣才是"智"，孔子說："專心致力於〔倡導〕人民應該遵從的仁義道德，尊敬鬼神，但要遠離它〔不可沉迷於靠鬼神求福〕，就可以說是'智'了。"〔樊遲又〕問怎樣才是"仁"，〔孔子〕說："有仁德的人，首先付出艱苦的努力，獲得的結果放在後邊全不計較，便可以說是'仁'啊。"

【注釋】

1 知：同"智"。聰明，智慧。
2 務：從事於，致力於，一心一意去專力倡導。

子曰："知者樂水¹，仁者樂山²。知者動，仁者靜。知者樂，仁者壽。"

【今譯】

孔子說："聰明智慧的人愛水，有仁德的人愛山。聰明智慧的人活躍，有仁德的人沉靜。聰明智慧的人常樂，有仁德的人長壽。"

【注釋】

1 知者樂水：水流動而不板滯，隨岸賦形，與智者相似，故曰。

2 仁者樂山：山形巍然，屹立而不動搖，與仁者相似，故曰。

子曰："齊一變，至于魯；魯一變，至于道[1]。"

【今譯】

孔子說："把齊國改變一下，便達到像魯國這樣；把魯國改變一下，就能達到先王之道了。"

【注釋】

1 "齊一變"句："變"，進行政治改革，推行教化。當時，齊強魯弱，但是齊國施行霸道，急功近利，孔子認爲齊離王道甚遠。而魯國重禮教、崇信義，周公的法治猶存，仁厚而近於王道。孔子曾說："周禮盡在魯矣。"所以孔子有此說。

子曰："觚不觚，觚哉？觚哉[1]？"

【今譯】

孔子說："說是觚又不像觚，這是觚嗎？這是觚嗎？"

【注釋】

1 "觚不觚"句："觚（gū 姑）"，古代木製酒具，容量爲古制二升（一說三升），量不大，以戒人貪酒。原先觚是上圓下方，腹部足部都有四條棱角。後來，可能是爲了製造和使用上的方便,改成了圓筒形,也沒有那四條棱角了。孔子言"觚不觚",實是對事物有所改變、有名無實、名實不符的感歎,含有對當時"君不君,臣不臣,父不父,子不子"等社會現象的不滿。

宰我問曰:"仁者,雖告之曰:'井有仁焉[1]。'其從之也?"子曰:"何爲其然也?君子可逝也[2],不可陷也;可欺也,不可罔也[3]。"

【今譯】

宰我問道:"對於有仁德的人,雖然告訴他:'有一位仁人掉到井裡啦!'他會跟着跳下去嗎?"孔子説:"爲什麽要他那樣做呢?君子可以去〔井邊看一看,設法救人〕,不可以〔也跟着〕陷下去;〔君子〕可能被欺騙,卻不可能被愚弄。"

【注釋】

1 井有仁:井裡掉進一個有仁德的人。一說,"仁"同"人"。
2 逝:往,去。
3 罔:誣罔,被無理陷害,愚弄。

子曰:"君子博學于文,約之以禮,亦可以弗畔矣夫[1]!"

【今譯】

孔子説:"君子廣泛地多學文化典籍,用禮來約束自己,就可以不違背〔君子之道〕了吧!"

【注釋】

1 畔:同"叛"。背離,背叛。 夫(fú扶):語氣助詞。吧。

子見南子¹,子路不説²。夫子矢之曰³:"予所否者⁴,天厭之!天厭之!"

【今譯】

孔子會見了南子,子路不高興。孔子發誓説:"假如我做了什麼不正當的事,〔那麼,〕上天會厭棄我!上天會厭棄我!"

【注釋】

1 南子:宋國的美女,衛靈公的夫人,行爲淫亂,名聲不好。當時,衛靈公年老昏庸,南子實際上操縱、左右着衛國的政權。她派人召見孔子,孔子起初辭謝不見,但因依禮當見,不得已才去見了南子。
2 説:同"悦"。
3 矢:通"誓"。
4 予所否者:"予",我。"所……者",相當於"假如……的話",古代用於誓言中。"否",不是,不對。指做了什麼不正當的事情。

子曰："中庸之爲德也¹，甚至矣乎！民鮮久矣。"

【今譯】

孔子說："中庸作爲一種道德，是最高尚了！人民缺少這種道德已經很久了。"

【注釋】

1 中庸："中"，是折中，調和，無過無不及，不偏不倚；"庸"，是平常，普通，循常規常理（順其自然）而不變。

子貢曰："如有博施于民而能濟衆，何如？可謂仁乎？"子曰："何事于仁，必也聖乎！堯、舜其猶病諸¹。夫仁者，己欲立而立人，己欲達而達人。能近取譬²，可謂仁之方也已。"

【今譯】

子貢說："如果有人廣泛地給人民許多好處，又能周濟衆人，怎麼樣呢？可以說是仁人嗎？"孔子說："何止是仁人，那必定是聖人了！堯、舜尚且對做不到這樣而感到爲難呢。作爲仁人，自己想要立身，就要幫助別人立身；自己想要通達，也要幫助別人通達。凡事都能從切近的生活中將心比心，推己及人，可以說是實行仁的方法啊。"

【注釋】

1 堯、舜：傳說是上古兩位賢明的君主，也是孔子心目中聖德典範。病：憂慮，犯難，心有所不足。

2 能近取譬："近"，指切近的生活，自身。"譬"，比喻，比方。能夠就自身打比方，推己及人。

述而篇第七

(共三十八章)

主要講孔子謙己誨人之辭及容貌行事之實。

子曰:"述而不作[1],信而好古,竊比于我老彭[2]。"

【今譯】

孔子說:"只傳述〔舊的文化典籍〕而不創作〔新的〕,相信而且喜愛古代的〔文化〕,我把自己比作老彭。"

【注釋】

1 述:傳述,闡述。 作:創造,創作。
2 竊:私下,私自。第一人稱的謙稱。 我老彭:"老彭",指彭祖,傳說姓籛(jiān堅),名鏗,是顓頊(五帝之一)之孫陸終氏的後裔,封於彭城(今徐州),仕虞、夏、商三代,至殷王時已七百六十七歲(一說長壽達八百歲)。彭祖是有名的賢大夫,自少愛恬靜養生,觀覽古書,好述古事(見《神仙傳》、《列仙傳》、《莊子》)。"老彭"前加"我",是表示了孔子對"老彭"的尊敬與親切,如同說"我的老彭"。一說,"老彭"指老子和彭祖兩個人。

子曰:"默而識之¹,學而不厭²,誨人不倦³,何有于我哉⁴?"

【今譯】

孔子説:"默默地記住〔所見所聞所學的知識〕,學習永不滿足,耐心地教導別人而不倦息,〔這三方面〕我做到了哪些呢?"

【注釋】

1 識(zhi 志):牢記,記住。潛心思考,加以辨別,存之於心。
2 厭:通"饜"。本義是飽食。引申爲滿足,厭煩。
3 誨(hui 會):教誨,教導,誘導。
4 "何有"句:即"于我何有哉"。這是孔子嚴格要求自己的謙虛之詞,意思説:以上那幾方面,我做到了哪些(一説,還有什麽困難或遺憾)呢?

子曰:"德之不修,學之不講,聞義不能徙¹,不善不能改²,是吾憂也。"

【今譯】

孔子説:"品德不去修養,學問不去講習,聽到了義卻不能去做,對缺點錯誤不能改正,這些都是我所憂慮的。"

【注釋】

1 義：這裡指正義的、合乎道義義理的事。 徙（xǐ喜）：本義是遷移。這裡指徙而從之，使自己的所做所爲靠近義，做到實踐義，走向義。

2 不善：不好。指缺點，錯誤。

> 子之燕居[1]，申申如也[2]，夭夭如也[3]。

【今譯】

孔子在家閒居，衣冠整齊，容貌舒展安詳，臉色顯出和悅輕鬆的樣子。

【注釋】

1 燕居："燕"，通"宴"。安逸，閒適。燕居，指獨自閒暇無事的時候的安居、家居。

2 申申：衣冠整齊，容貌舒展安詳的樣子。 如也：像是……的樣子。

3 夭夭（yāo腰）：臉色和悅愉快，斯文自在，輕鬆舒暢的樣子。

> 子曰："甚矣吾衰也，久矣吾不復夢見周公[1]。"

【今譯】

孔子說："我很衰老了啊，好久好久啊我没再夢見周公了。"

【注釋】

1 周公：姓姬，名旦。是周文王（姬昌）的兒子，周武王（姬發）的弟弟，周成王（姬誦）的叔叔，也是魯國國君的始祖。傳說周公是西周政治禮樂典章制度的制定者，他輔佐周成王，安天下，有德政，是孔子所崇尚的先聖先賢之一。孔子從年輕時就欲行周公之道，但壯志至老未酬。這裡表現了孔子對心有餘而力不足，政治抱負已無可能實現的慨歎。

子曰："志于道，據于德，依于仁，游于藝¹。"

【今譯】

孔子説："以道爲志向，以德爲根據，以仁爲憑藉，以六藝爲活動範圍。"

【注釋】

1 游：這裡有玩習，熟悉的意思。　藝：六藝。指禮（禮節），樂（音樂），射（射箭），御（駕車），書（寫字），數（算術）。孔子用這六個方面的知識技藝來培養教授學生。

子曰："自行束脩以上¹，吾未嘗無誨焉²。"

【今譯】

孔子説："〔只要〕願意親自來送十條乾肉〔作爲薄禮〕的人，我從來沒有不教誨的。"

【注釋】

1 行：實行，做到。 束脩："脩（xiū休）"，乾肉。束脩，是捆在一起的一束乾肉。每束十條。古代人們常用來作爲見面的薄禮。

2 未嘗：未曾，從來沒有。

> 子曰："不憤不啓[1]，不悱不發[2]，舉一隅不以三隅反[3]，則不復也。"

【今譯】

孔子說："〔教學生〕不到他苦思冥想而仍領會不了的時候，不去開導他；不到他想說而又說不出來的時候，不去啓發他。告訴他〔方形的〕一個角，他不能由此推知另外三個角，就不要再重複去教他了。"

【注釋】

1 憤：思考問題有疑難之處，苦思冥想，而仍然沒想通，仍然領會不了的樣子。

2 悱（fěi匪）：想說而不能明確地表達，說不出來的樣子。

3 隅（yú魚）：角落，角。這裡比喻從已知的一點，去進行推論，由此及彼，觸類旁通。這句就是成語"舉一反三"和"啓發"一詞的由來。

> 子食于有喪者之側[1]，未嘗飽也。

【今譯】

孔子在有喪事的人旁邊吃飯，未曾吃飽過。

【注釋】

1 有喪者：有喪事的人。指剛剛死去親屬的人家。孔子在有喪事的人面前，因同情失去親人的人，食慾不振，吃飯無味，故云"未嘗飽也"。

> 子於是日哭[1]，則不歌。

【今譯】

孔子在那一天弔喪哭泣過，就不再唱歌了。

【注釋】

1 哭：指給別人弔喪時哭泣。一日之內，由於心裡悲痛，餘哀未忘，就不會再唱歌了。

> 子謂顏淵曰："用之則行，舍之則藏[1]，惟我與爾有是夫！"子路曰："子行三軍[2]，則誰與[3]？"子曰："暴虎馮河[4]，死而無悔者，吾不與也。必也臨事而懼，好謀而成者也。"

【今譯】

孔子對顏淵說："用我，我就去幹；不用我，就隱藏起來。只有我和你能夠做到這樣吧！"子路

〔在一旁插言〕說:"〔老師〕您如果統帥三軍〔去作戰〕,那麼,您要和誰在一起呢?"孔子說:"赤手空拳要和老虎搏鬥,沒有船要趟水過大河,〔這樣做〕死了都不知後悔的人,我不和他在一起。〔我要共事的人〕必須是遇事小心謹慎,嚴肅認真,善於籌劃謀略而能爭取成功的人。"

【注釋】

1 舍:不用,捨棄。

2 行:視,居……之位。這裡猶言指揮,統帥。 三軍:當時一個大國的所有軍隊。每軍一萬二千五百人,三軍相當於三萬七千五百人。

3 與:在一起,共事。

4 暴虎馮河:"暴",徒手搏擊。句中指赤手空拳與老虎搏鬥。"馮(píng平)",涉水。句中指無船而徒步趟水過大河。暴虎馮河,是用來比喻那種有勇無謀,冒險行事,而往往導致失敗的人。

子曰:"富而可求也,雖執鞭之士[1],吾亦為之。如不可求,從吾所好[2]。"

【今譯】

孔子說:"財富如果是可以求得的,就是去當一名手拿皮鞭的下等差役,我也去做。如果不可以求得,我還是做我所愛好做的事。"

【注釋】

1 執鞭之士：指手裡拿着皮鞭的下等差役。當時主要指兩種人，一種是市場的守門人，執鞭以維持秩序；一種是爲貴族外出時夾道執鞭開路、讓行人讓道的差役。

2 從：順從，聽從。

子之所慎：齊[1]，戰[2]，疾[3]。

【今譯】

孔子小心謹慎對待的事情是：〔祭祀之前的〕齋戒，戰爭，疾病。

【注釋】

1 齊：同"齋"。指古代在祭祀之前虔誠的齋戒。要求不喝酒，不吃葷，不與妻妾同房，沐浴淨身，等等，以達到身心的全面整潔。

2 戰：戰爭。因關係國家民族的安危存亡和人民羣衆的死與傷。

3 疾：疾病。因關係個人的健康與生死。

子在齊，聞《韶》[1]，三月不知肉味[2]，曰："不圖爲樂之至于斯也。"

【今譯】

孔子在齊國，聽到了〔演奏〕《韶》樂，三個月吃肉都吃不出什麼滋味，說："真料想不到〔虞舜時創作的〕音樂竟然達到這麼迷人的地步。"

【注釋】

1　韶：傳說是虞舜時創作的樂曲，水平很高，音樂境界很優美。參見前《八佾篇第三》第二十五章注。

2　三月：比喻很長時間，不是實指三個月。

冉有曰："夫子爲衞君乎¹？"子貢曰："諾²，吾將問之。"入，曰："伯夷、叔齊何人也？"曰："古之賢人也。"曰："怨乎？"曰："求仁而得仁，又何怨？"出，曰："夫子不爲也。"

【今譯】

冉有〔問子貢〕說："老師會贊成衞國的國君嗎？"子貢說："嗯，我要去問問他。"〔於是，子貢〕進屋去，問〔孔子〕："伯夷、叔齊是什麼樣的人呢？"〔孔子〕說："是古代的賢人。"〔子貢〕問："〔伯夷、叔齊〕有怨恨嗎？"〔孔子〕說："〔他們〕求仁德而得到了仁德，還有什麼怨恨呢？"〔子貢〕走出屋來〔對冉有〕說："老師不贊成〔衞國國君〕。"

【注釋】

1　爲：贊成，幫助。　衞君：指衞靈公的孫子衞出公，姓蒯（kuǎi 快上聲），名輒（zhé 哲）。公元前492年至公元前481年在位。他的父親蒯聵，本是靈公所立的世子，但因其謀殺衞靈公的夫人南子未成，被靈公驅逐，逃到了晉國。

衛靈公死後，蒯輒被立為國君。這時，晉國的趙簡子率軍又把蒯聵送回衛國，形成父親同兒子爭奪王位的局面。後來蒯聵以武力進攻其子蒯輒，蒯輒出奔。蒯聵得王位，為衛莊公。公元前478年，晉攻衛，蒯聵奔戎州，被戎州人所殺。蒯輒奔宋之後，卒於越。蒯聵、蒯輒父子爭位的事，與古代伯夷、叔齊兩兄弟互相讓位的事，形成了鮮明的對比。本章這段對話，表明孔子讚揚伯夷、叔齊的"禮讓為國"，而對蒯聵、蒯輒非常不滿。

2 諾：應答聲。

子曰："飯疏食[1]，飲水，曲肱而枕之[2]，樂亦在其中矣。不義而富且貴，于我如浮雲。"

【今譯】

孔子說："吃粗糧，喝冷水，彎起胳膊墊着當枕頭，樂趣就在其中了。用不義的手段得到富與貴，對於我，〔那些富貴〕如同〔天上的〕浮雲。"

【注釋】

1 飯：作動詞用。吃。 疏食：指粗糧，粗糙的飯食。
2 肱（gōng 工）：由肩到胳膊肘這一部位，一般也泛指胳膊。

子曰："加我數年[1]，五十以學《易》[2]，可以無大過矣。"

【今譯】

孔子說:"再給我增添幾年壽命,到了五十歲學習《易經》,可以不犯大的錯誤了。"

【注釋】

1 加:增添,增加。
2 五十:五十歲。古人以爲五十歲是老年的開始。一說,"五十"是"卒"字之誤,在這裡用的意思,指學完《易經》。 易:又名《周易》,《易經》,古代一本用以占卜、預測吉凶禍福的書。有宗教迷信色彩,但也保存了古代若干樸素辯證法的哲學觀點。

子所雅言[1],《詩》、《書》、執禮,皆雅言也。

【今譯】

孔子〔有時〕講官話,讀《詩經》,唸《尚書》,贊禮時,都是用官話。

【注釋】

1 雅言:西周的政治中心在今陝西地區,當時稱以陝西語音爲標準音的"官話",爲"雅言"。平時講話,孔子用的是魯國的地方方言,但在誦《詩》《書》和贊禮(主持儀禮,當司儀)時,則用"雅言"。

葉公問孔子于子路[1],子路不對[2]。子曰:"女奚不曰[3]:其爲人也,發憤忘食,樂以忘憂，不知老之將至云爾[4]。"

【今譯】

葉公向子路問到孔子，子路没回答。孔子説："你爲什麽不説：他的爲人啊，發憤時，竟忘記吃飯；快樂時，便忘記憂愁；簡直連衰老就會到來也不知道，如此而已。"

【注釋】

1　葉（shè 社）公：姓沈，名諸梁，字子高，楚國的大夫。他的封邑在葉城（今河南省葉縣南三十里有古葉城），爲葉尹，故稱葉公。
2　不對：不回答。"對"，是應答之意。
3　女：同"汝"。你。　奚：何，爲什麽。
4　云爾：如此而已，罷了。

子曰："我非生而知之者，好古，敏以求之者也。"

【今譯】

孔子説："我不是生下來就有知識的人，而是愛好古代文化，勤奮敏捷地去求得知識的人。"

子不語怪、力、亂、神。

【今譯】

孔子不談論怪異、暴力、變亂、鬼神〔一類的事〕。

子曰:"三人行,必有我師焉。擇其善者而從之,其不善者而改之。"

【今譯】

孔子說:"〔如果〕三個人在一起走,其中必定有可以作爲我的老師的人。選擇他的優點長處,而跟從〔學習〕;看到有什麼不好的地方,就〔反省自己〕加以改正。

子曰:"天生德于予,桓魋其如予何[1]!"

【今譯】

孔子說:"上天使我具有了這種品德,桓魋能把我怎麼樣!"

【注釋】

1 桓魋(tuí 頹):宋國的司馬(主管軍事行政的長官)。本名向魋,因是宋桓公的後裔,又稱桓魋。公元前492年,孔子周遊列國,從衛國去陳國時,經過宋國,桓魋聽到消息,率兵來阻攔。當時,孔子正在大樹下同弟子們演習周禮的儀式,桓魋砍掉大樹,而且要殺孔子。孔子離開時,弟子們催促他快些走,他在途中說了這番話。

子曰:"二三子以我爲隱乎¹?吾無隱乎爾。吾無行而不與二三子者,是丘也。"

【今譯】

孔子說:"諸位以爲我〔對你們〕有什麽隱瞞嗎?我没有隱瞞啊。我没有什麽行爲不能告訴你們,這樣才是我孔丘。"

【注釋】

1 二三子:這裡是孔子客氣地稱呼弟子們。"二三",表示約數。"子",是尊稱。

子以四教:文¹,行²,忠³,信⁴。

【今譯】

孔子從四個方面教育學生:歷史文獻,行爲規範,忠誠老實,講究信用。

【注釋】

1 文:文化知識,歷史文獻。
2 行:行爲規範,道德修養,社會實踐。
3 忠:忠誠老實。
4 信:講信用,言行一致。

子曰:"聖人,吾不得而見之矣,得

見君子者，斯可矣¹。"子曰："善人，吾不得而見之矣，得見有恆者，斯可矣。亡而爲有²，虛而爲盈³，約而爲泰⁴，難乎有恆矣。"

【今譯】

孔子說："聖人，我不可能見到了，能看到君子就可以了。"孔子又說："善人，我不可能見到了，能看到有恆心〔保持良好品德節操〕的人，就可以了。〔有的人〕本來沒有〔什麼知識、本領〕，卻假裝有；本來空虛，卻假裝充實；本來窮困，卻假裝富裕。〔這樣的人〕是難以有恆心〔保持良好品德節操〕的。"

【注釋】

1 斯：就，乃，則。
2 亡：同"無"。
3 盈：豐滿，充實。
4 約：窮困。 泰：寬裕，豪華，奢侈。

子釣而不綱¹，弋不射宿²。

【今譯】

孔子釣魚，只用〔有一個魚鈎的〕釣竿，而不用綱；只射飛着的鳥，不射宿窩的鳥。

【注釋】

1 綱：本意是提網的大繩。這裡指在河流的水面上橫着拉一根大繩，上面繫有許多魚鈎以釣魚。

2 弋（yì 義）：用帶繩的箭射鳥，叫"弋"。這種箭箭尾上所繫的繩，叫"繳（zhuó 濁）"，是用生絲做成的，又細又韌，箭發射出去以後，還能靠繩收回再連續用。　宿：指歸巢宿窩的鳥。

　　子曰："蓋有不知而作之者，我無是也。多聞，擇其善者而從之；多見，而識之[1]。知之次也[2]。"

【今譯】

　　孔子說："可能有什麼都不懂卻在憑空妄作的人，可我不是這樣。多聽，選擇其中好的跟着來學習；多看，記在心裡。這樣〔學而知之〕，在知識上，〔比"生而知之"的人〕是僅次一等的。"

【注釋】

1 識（zhì 志）：記住。

2 知之次也：即"學而知之者，次也"的意思。"次"，即次一等。孔子主張"生而知之者，上也；學而知之者，次也。"參閱《季氏篇第十六》第九章。

　　互鄉難與言[1]。童子見，門人惑。子曰："與其進也[2]，不與其退也，唯何甚？人潔己以進，與其潔也，不保其往也[3]。"

【今譯】

互鄉這個地方的人很難交談。〔但〕互鄉的一個兒童卻受到孔子的接見,弟子們都疑惑不解。孔子說:"我是贊許他向前進,而不是贊成他往後退的。〔做事〕何必做得太過分呢?人家使自己清潔以求進步,我是贊許他的清潔,而不管他以往的行為。"

【注釋】

1 互鄉:地名。究竟是何處,已不可確考。一說,北宋地理總志《太平寰宇記》所記徐州沛縣合鄉的故城,即古時"互鄉"之地。
2 與:贊許,贊成,肯定。下同。
3 保:守。引申為追究,糾纏。

子曰:"仁遠乎哉?我欲仁,斯仁至矣。"

【今譯】

孔子說:"仁,〔距離我〕遠嗎?〔只要〕我想要做到仁,仁就〔隨着心念〕到了。"

陳司敗問[1]:"昭公知禮乎[2]?"孔子曰:"知禮。"孔子退,揖巫馬期而進之曰[3]:"吾聞君子不黨[4],君子亦黨乎?君取于吳⁵，爲同姓，謂之'吳孟子'⁶。君而知禮，孰不知禮!"巫馬期以告。子曰："丘也幸，苟有過，人必知之。"

【今譯】

陳司敗問："魯昭公知禮嗎?"孔子說："知禮。"孔子出來以後，〔陳司敗〕向巫馬期作了個揖，走近他說："我聽說君子是不偏袒別人的，難道君子也偏袒別人嗎？魯君娶了一個吳國女子，是同姓，卻稱她爲'吳孟子'。如果說魯君知禮，還有誰不知禮呢？"巫馬期〔把這些話〕告訴孔子。孔子說："我真幸運，如果有了過錯，人家一定會知道。"

【注釋】

1 陳司敗：陳國的司寇（主管司法的官員）。一說，姓陳，名司敗，是齊國大夫。

2 昭公：魯國國君，姓姬，名裯（chóu 愁），公元前541年至公元前510年在位。"昭"是死後的謚號。

3 揖（yī 衣）：拱手行禮，作揖。 巫馬期：孔子的弟子，姓巫馬，名施，字子期。魯國人。比孔子小三十歲，生於公元前521年，卒年不詳。

4 黨：偏袒，包庇，有偏私。

5 取：同"娶"。

6 吳孟子：魯昭公夫人。春秋時，國君夫人的稱號，一般是用她出生的國名加上她的姓。吳孟子姓姬，便應稱"吳姬"。但是，吳國與魯國的國君都姓姬（吳國是周文王的伯父太伯的後代，魯國是周文王的兒子周公姬旦的後代），按照周禮的規定，同姓是不能通婚的。爲了掩人耳目，魯昭公避諱，不稱她爲"吳姬"，而稱"吳孟子"（"孟"，指她是長女；"子"，是宋國的姓。一說，"孟子"是昭公夫人的名字，見《左傳·哀公十二年》）。故陳司敗批評指責他"君而知禮，孰不知禮"。然而，孔子爲什麽還說魯昭公"知禮"呢？這是因爲周禮提倡"爲尊者諱，爲賢者諱，爲親者諱"。孔子寧可自己承擔過錯，而不說魯君不知禮。

子與人歌而善，必使反之[1]，而後和之[2]。

【今譯】

孔子同別人一起唱歌，〔如果〕別人唱得好，就一定讓他再唱一遍，然後自己跟着〔他的音調〕唱和。

【注釋】

1 反：反復，再一次。
2 和（hè賀）：跟隨着唱，應和，唱和。

子曰："文，莫吾猶人也[1]。躬行君子，則吾未之有得。"

【今譯】

孔子說："在文化方面，大概我和別人差不多。至於做一個身體力行的君子，我還沒有做到。"

【注釋】

1 莫：推測之詞。大概，或者，也許。一說，"文莫"連讀，即"忞慔"，意爲黽（min 敏）勉努力。句中的意思是：在勤勉努力方面，我和別人差不多。

子曰："若聖與仁，則吾豈敢！抑爲之不厭[1]，誨人不倦，則可謂云爾已矣[2]。"公西華曰："正唯弟子不能學也。"

【今譯】

孔子說："如果說到'聖'與'仁'，那我怎麼敢當！〔我〕只不過〔要朝著'聖'與'仁'的方向〕努力而從不滿足，教育別人從不感到疲倦，〔對於我〕尚且可以這樣說吧。"公西華說："這正是弟子學不到的。"

【注釋】

1 抑：轉折語氣詞。然則，抑或，或許。
2 云爾：這樣，如此。

子疾病[1]，子路請禱[2]。子曰："有諸[3]？"子路對曰："有之。《誄》曰[4]：'禱爾于上下神祇[5]。'"子曰："丘之禱久矣[6]。"

121

【今譯】

孔子病重，子路請求祈禱。孔子說："有這個道理嗎？"子路回答說："有的。《誄》文上說：'爲您向天地上下的神靈祈禱。'"孔子說："我在祈禱已經很久了。"

【注釋】

1 疾病："疾"，就是病。再加一個"病"字，指病情嚴重。
2 禱：向鬼神祝告，請求福祐。
3 諸："之乎"的合音。
4 誄（lěi 壘）：一種對死者表示哀悼的文章。這裡當作"讄"，指古代爲生者向鬼神祈福的禱文。
5 神祇（qí 奇）：古代稱天神爲"神"，地神爲"祇"。
6 "丘之"句："久"，長久。這句話的言外之意：你不必再祈禱了。孔子並不相信向鬼神祈禱能治好病，所以婉言謝絕子路的請求。

子曰："奢則不孫¹，儉則固²。與其不孫也，寧固。"

【今譯】

孔子說："奢侈了就會不遜，節儉了就〔顯得〕鄙陋。與其不遜，寧可鄙陋。"

【注釋】

1 孫：同"遜"。恭順，謙讓。

2 固：固陋，鄙陋，小氣，寒酸。

子曰："君子坦蕩蕩[1]，小人長戚戚[2]。"

【今譯】

孔子說："君子心胸平坦寬廣，小人侷促經常憂愁。"

【注釋】

1 坦：安閒，開朗，直率。 蕩蕩：寬廣，遼闊。
2 長：經常，總是。 戚戚：憂愁，哀傷，侷促不安，患得患失。

子溫而厲，威而不猛，恭而安。

【今譯】

孔子溫厚而又嚴肅，有威嚴而不兇猛，恭謹而又安詳。

泰伯篇第八

(共二十一章)

主要講孔子、曾子的言論,及對古人的評贊。

子曰:"泰伯其可謂至德也已矣[1],三以天下讓[2],民無得而稱焉。"

【今譯】

孔子說:"泰伯可以稱得上是品德最高尚的人了,三次以天下相讓,人民真不知該怎樣稱讚他。"

【注釋】

1 泰伯:周朝姬氏的祖先有名叫古公亶(dǎn 膽)父的,又稱"太王"。古公亶父共有三個兒子:長子泰伯(又稱"太伯"),次子仲雍,三子季歷(即周文王姬昌的父親)。傳說古公亶父見孫兒姬昌德才兼備,日後可成大業,便想把王位傳給季歷,以謀求後世能擴展基業,有所發展。泰伯體察到了父親的意願,就主動把王位的繼承權讓給三弟季歷;而季歷則認為,按照慣例,王位應當由長兄繼承,自己也不願接受。後來,泰伯和二弟仲雍密謀,以去衡山採藥為名,一起悄悄離開國都,避居於荊蠻地區的勾吳。泰伯後成為周代吳國的始祖。

2 "三以"句："天下"，代指王位。第一次讓，是泰伯離開國都，避而出走。第二次讓，是泰伯知悉父親古公亶父去世，故意不返回奔喪，以避免被眾臣擁立接受王位。第三次讓，是發喪之後，眾臣議立新國君時，泰伯在荊蠻地區，索性與當地黎民一樣，斷髮紋身，表示永不返回。這樣，他的三弟季歷只好繼承王位。有了泰伯的這"三讓"，才給後來姬昌（周文王）繼位統一天下創設了條件，奠定了基礎。因此，孔子高度稱讚泰伯。

子曰："恭而無禮則勞，慎而無禮則葸[1]，勇而無禮則亂，直而無禮則絞[2]。君子篤于親[3]，則民興于仁；故舊不遺，則民不偷[4]。"

【今譯】

孔子說："〔只是容貌態度〕恭敬而沒有禮〔來指導〕就會勞擾不安；〔只是做事〕謹慎而沒有禮〔來指導〕就會畏縮多懼；〔只是〕剛強勇猛而沒有禮〔來指導〕就會作亂；〔只是〕直率而沒有禮〔來指導〕就會說話刻薄尖酸。君子如果厚待親族，老百姓就會按仁德來行動；君子如果不遺忘故舊，老百姓也就厚道了。"

【注釋】

1 葸（xǐ 洗）：過分拘謹，膽怯懦弱。
2 絞：說話尖酸刻薄，出口傷人；太急切而無容忍。
3 篤（dǔ 賭）：誠實，厚待。

4 偷：刻薄。

曾子有疾¹，召門弟子曰："啓予足²，啓予手！《詩》云：'戰戰兢兢，如臨深淵，如履薄冰³。'而今而後，吾知免夫。小子⁴！"

【今譯】

曾子病危，召集他的弟子們來，說："〔掀開被子〕看看我的脚，看看我的手〔有無毁傷之處〕。《詩經》中說：'戰戰兢兢，就好像站在深淵旁邊，就好像踩在薄冰之上。'從今以後，我知道〔我的身體〕會免於毁傷了。弟子們！"

【注釋】

1 曾子：曾參，孔子的弟子。《論語》成書時，後世門生記其言行，尊稱爲"子"。

2 啓：開。這裡指掀開被子看一看。一說，同"晵"，看。

3 "戰戰兢兢"句：引自《詩經·小雅·小旻（mín民）》篇。曾參借用這句話，表明自己一生處處小心謹慎，避免身體受損傷，算是盡了孝道。據《孝經》載，孔子曾對曾參說："身體髮膚受之父母，不敢毁傷，孝之始也。""履"，本義是單底鞋，也泛指鞋。這裡作動詞用，走，踩，步行。

4 小子：稱弟子們。這裡說完一番話之後再呼弟子們，表示反復叮嚀。

曾子有疾，孟敬子問之[1]。曾子言曰："鳥之將死，其鳴也哀[2]；人之將死，其言也善。君子所貴乎道者三：動容貌[3]，斯遠暴慢矣；正顏色，斯近信矣；出辭氣[4]，斯遠鄙倍矣[5]。籩豆之事[6]，則有司存[7]。"

【今譯】

曾子病危，孟敬子去探望他。曾子說："鳥將要死的時候，鳴叫的聲音是悲哀的；人將要死的時候，說的話是善意的。君子應當重視的道德有三方面：使容貌謙和嚴肅，就可以避免粗暴急躁，放肆怠慢；使臉色正派莊重，就接近於誠實守信；說話注意言詞〔得體〕和口氣〔聲調合宜〕，就可以避免粗野和背理。至於祭祀和禮節儀式，自有主管的官吏去辦。"

【注釋】

1 孟敬子：姓仲孫，名捷，武伯之子，魯國大夫。問：看望，探視，問候。

2 也：句中語氣助詞。表示提頓，以起下文，兼有舒緩語氣的作用。

3 動容貌：即"動容貌以禮"。指容貌謙和，恭敬，從容，嚴肅，禮貌等。

4 出辭氣：即"出辭氣以禮"。"出"，是出言，發言。"辭氣"，指所用的詞句和語氣。

5 鄙倍:"鄙",粗野。"倍",同"背"。指背理,不合理,錯誤。

6 籩豆之事:"籩(biān 邊)",古代一種竹製的禮器,圓口,下面有高腳,在祭祀宴享時用來盛果脯。"豆",古代一種盛食物盛肉的器皿,木製,有蓋,形狀像高腳盤。籩和豆都是古代祭祀和典禮中的用具。籩豆之事,就是指祭祀或禮儀方面的事務。

7 有司:古代指主管某一方面事務的官吏。這裡具體指管理祭祀或儀禮的小官吏。　存:有,存在。

曾子曰:"以能問于不能,以多問于寡;有若無,實若虛;犯而不校¹。昔者吾友嘗從事于斯矣²。"

【今譯】

曾子說:"有才能卻向沒有才能的人詢問,知識多的卻向知識少的人詢問;有〔本事〕卻好像沒有,〔知識學問〕很充實卻好像很空虛;被人冒犯也不去計較。從前我的朋友曾經這樣做過。"

【注釋】

1 校(jiào 叫):計較。

2 吾友:我的朋友。有人認為:曾參指的是他的同學顏回。

曾子曰:"可以托六尺之孤¹,可以寄百里之命²,臨大節而不可奪也³。君子人與⁴？君子人也！"

【今譯】

曾子說："可以把年幼的孤兒托付給他，可以把國家的命運委托給他，面臨重大考驗有氣節而不動搖屈服。這是君子一類的人嗎？是君子一類的人啊！"

【注釋】

1　六尺之孤：孩子死去父親，叫"孤"。六尺之孤，指尚未成年而登基接位的年幼君主。古代的"尺"短，一尺合現代市尺六寸九分。身長"六尺"，其實只合現在四尺一寸四分（約138公分），一般指未成年的小孩（十五歲以下）。

2　寄百里之命："寄"，寄托，委托。"百里"，指方圓百里的一個諸侯國。"命"，指國家的政權與命運。

3　不可奪：指其志不可奪，不能使他動搖屈服。

4　與：同"歟"。語氣詞。

曾子曰："士不可以不弘毅¹，任重而道遠。仁以爲己任²，不亦重乎？死而後已，不亦遠乎？"

【今譯】

曾子說："士，不可以不心胸開闊、意志堅強，〔因爲〕責任重大，道路遙遠。把實現'仁'看作是自己的任務，不也是很重大嗎？〔要終生爲之奮鬥〕到死才停止,不也是很遥遠嗎?"

【注释】

1 弘毅:"弘",廣大,開闊,寬廣。"毅",堅强,果敢,剛毅。宋代儒學家程顥解説:"弘而不毅,則無規矩而難立;毅而不弘,則隘陋而無以居之。""弘大剛毅,然後能勝重任而遠到。"
2 "仁以"句:"以仁爲己任"的倒裝句。把實現"仁"看作是自己的任務。

子曰:"興于《詩》[1],立于禮[2],成于樂[3]。"

【今譯】

孔子説:"用《詩經》激勵志氣,用禮作爲行爲規範的立足點,用樂完成人格修養社會之治。"

【注释】

1 興:興起,勃發,激勵;受到《詩經》的感染,而熱愛真善美,憎恨假惡醜。
2 立:立足於社會,樹立道德。
3 成:完成,達到。這裡指以音樂來陶冶性情,涵養高尚的人格,完成學業,最終達到全社會"禮樂之治"的最高境界。

子曰:"民可使由之[1],不可使知之。"

【今譯】

孔子說:"對老百姓,可以使他們順着當政者所指點的路線去走,而不可以使他們都知道爲什麽這樣走。"

【注釋】

1 由:從,順從,聽從,經由什麽道路。孔子認爲下層百姓的才智能力、認識水平、覺悟程度各不一樣,當政者在施行政策法令時,只能要求他們遵照着去做,而不可以使人人都知道這樣做的道理。

子曰:"好勇疾貧[1],亂也。人而不仁[2],疾之已甚[3],亂也。"

【今譯】

孔子說:"愛勇敢而恨貧窮,會闖亂子。對不仁的人,恨得太厲害,也會激出禍亂。"

【注釋】

1 疾:厭惡,憎恨。
2 人而不仁:不仁的人。
3 已甚:太過分,很厲害。

子曰:"如有周公之才之美,使驕且吝[1],其餘不足觀也已。"

【今譯】

孔子説:"〔一個人〕假如有周公那樣美好的才能,只要驕傲自大而且吝嗇小氣,餘下的也就不值得一看了。"

【注釋】

1 吝(lìn 賃):吝嗇,小氣,過分愛惜,應當用而不用。

> 子曰:"三年學,不至于穀[1],不易得也。"

【今譯】

孔子説:"學了三年,並不轉到要官做求俸禄的念頭上去,是難得的啊。"

【注釋】

1 穀:穀子,小米。古代官吏以穀子來計算俸禄,這裡以"穀"代指做官及其俸禄。

> 子曰:"篤信好學,守死善道[1],危邦不入,亂邦不居[2]。天下有道則見[3],無道則隱。邦有道,貧且賤焉,恥也;邦無道,富且貴焉,恥也。"

【今譯】

孔子說:"堅定信念,努力學習,誓死保全並愛好〔治國作人之〕道,有危險的國家,不要進入;有禍亂的國家,不要在那兒居住。天下有道,就出來從政;天下無道,就隱居起來。國家有道,而自己貧賤,是恥辱;國家無道,而自己富貴,也是恥辱。"

【注釋】

1 道:這裡指治國作人的原則與方法。下文"邦有道""邦無道"則指社會政治局面的好與壞,國家政治是否走上正道。
2 危邦,亂邦:東漢儒學家包咸解說:"臣弒君,子弒父,亂也;危者,將亂之兆(徵兆,預兆)也。"
3 見:同"現"。表現,出現,出來。

子曰:"不在其位,不謀其政[1]。"

【今譯】

孔子說:"不在那個職位上,就不要過問那方面的政事。"

【注釋】

1 謀:參與,考慮,謀劃。

子曰："師摯之始[1],《關雎》之亂[2],洋洋乎盈耳哉!"

【今譯】

孔子說："從太師摯演奏開始,到結尾演奏《關雎》,多麼美盛啊,那充滿在我耳朵中的樂曲!"

【注釋】

1 師摯之始:"師",指太師,樂師。魯國的樂師名摯(zhì 志),一名乙。因他擅長彈琴,又稱"琴摯"。"始",樂曲的開端,即序曲。古代奏樂,開端叫"升歌",一般由太師演奏,故說"師摯之始"。
2 關雎:《詩經》的第一篇。參見前《八佾篇第三》第二十章。 亂:樂曲結尾的一段,由多種樂器合奏。這裡指演奏到結尾時所奏的《關雎》樂章。

子曰:"狂而不直,侗而不愿[1],悾悾而不信[2],吾不知之矣。"

【今譯】

孔子說:"〔有的人〕狂妄而不正直,幼稚無知還不謹慎,表面上誠懇卻不守信用,我不知道這種人怎麼會這樣。"

【注釋】

1 侗（tóng 同）：幼稚無知。　願：謹慎，老實，厚道。
2 悾悾（kōng 空）：誠懇。這裡指表面上裝出誠懇的樣子。

> 子曰："學如不及，猶恐失之。"

【今譯】

孔子說："學習就像追趕〔什麼〕而追不上那樣，〔追上了〕還恐怕再失去它。"

> 子曰："巍巍乎¹，舜、禹之有天下也，而不與焉²。"

【今譯】

孔子說："多麼崇高偉大啊，舜、禹得到了天下，卻不去謀取個人的私利呀。"

【注釋】

1 巍巍：本是形容高大雄偉的山，在這裡用，是讚美舜和禹的崇高偉大。
2 而不與焉：歷來學者有四種解釋：一、"與"，贊許。意思是：舜、禹，難道不值得贊許嗎？二、"與"，同"舉"。拔取，奪取。意思是：舜、禹得到天下，不是靠奪取而來的。三、"與"，參與政事。意思是：舜、禹得到天下，重視選賢任能，發揮大臣們的作用，自己並不親自干預具體的政事。四、"與"，同"預"。參與，含有私自佔有和享受的意思。意思是：堯把天下禪讓給舜，舜後來又禪讓給禹，他們不是孜孜以求王位，不以得到王位爲樂；雖然得了天下，卻好像同自己不相關一樣，不以國君的地位去謀取個人的私利、貪圖個人的享受。本書取此說。

子曰："大哉，堯之爲君也！巍巍乎，唯天爲大，唯堯則之[1]。蕩蕩乎[2]，民無能名焉[3]。巍巍乎，其有成功也。煥乎[4]，其有文章[5]。"

【今譯】

孔子說："偉大呀，堯做爲這樣的君主！多麼崇高啊，只有天是最高大的，只有堯才能效法天。他的恩德功績多麼廣大啊，人民不知該怎樣稱讚他。多麼崇高啊，他成就的功業。多麼光輝啊，他制定的禮樂典章制度。"

【注釋】

1 則：效法，取法。
2 蕩蕩：廣大，廣遠，廣博無邊。
3 名：用言語去形容，讚美。
4 煥：光輝，光明。
5 文章：指禮樂典章制度。

舜有臣五人[1]，而天下治。武王曰："予有亂臣十人[2]。"孔子曰："才難。不其然乎？唐虞之際³，于斯爲盛⁴，有婦人焉，九人而已。三分天下有其二⁵，以服事殷。周之德，其可謂至德也已矣。"

【今譯】

舜有賢臣五人，就能把天下治理好。周武王說："我有能治理國家的大臣十人。"孔子〔因此〕說："人才難得。難道不是這樣麼？在唐堯、虞舜時代〔之後〕，周武王時期人才最盛，然而〔十位治國大臣中〕有一人是婦女，實際上只有九人而已。〔周文王〕已經佔有了三分之二的天下，他卻仍然向殷紂王稱臣。周朝的道德，可以說是最高的了。"

【注釋】

1 "舜有"句：傳說舜有五位賢臣，分別是：禹，稷(jì記)，契(xiè謝)，皋陶(gāoyáo高搖)，伯益。

2 亂臣十人："亂"，在這裡是治理的意思。"亂臣"，指能治理國家的大臣。十人是：周公旦，召公奭(shì式)，太公望，畢公，榮公，太顚，閎夭，散宜生，南宮适(武王曾命他"散鹿台之財，發鉅橋之粟，以賑貧弱"。與孔子弟子南宮适不是一人)，另有一名婦女是邑姜(南宮适夫人，專管內務)。

3 唐虞之際：堯舜之時。"唐"，堯的國號。"虞"，舜的國號。"際"，時期，時候。

4 斯：代詞。指周武王時代。

5 "三分"句：傳說商紂時天下分爲九州，歸附文王的已有六個州（荆，梁，雍，豫，徐，揚），只有青、兗、冀三州屬商紂王。

> 子曰："禹，吾無間然矣[1]！菲飲食而致孝乎鬼神[2]；惡衣服而致美乎黻冕[3]；卑宮室而盡力乎溝洫[4]。禹，吾無間然矣！"

【今譯】

孔子說："對於禹，我沒有可批評的地方啊。他的飲食菲薄，卻盡量〔以豐潔的祭品〕孝敬鬼神；他平時穿衣服很簡樸，而祭祀時卻盡量穿華美的禮服；他住的宮室低矮狹小，卻盡力興修水利，挖溝開田間水道。對於禹，我沒有可批評的地方啊！"

【注釋】

1 間(jiàn見)：本意指空隙。這裡用作動詞，含有挑剔、批評、非議等意思。

2 菲(fěi匪)：菲薄，不豐厚。 致：致力，努力去做。

3 黻冕(fǔ miǎn府免)：祭祀時穿的禮服，叫黻；官職在大夫以上的人戴的禮帽，叫冕。

4 卑：低矮狹小，簡陋。 洫(xù序)：田間的水道，起着正疆界、備旱澇的作用。

138

子罕篇第九

（共三十章）

主要講孔子提倡禮制，鼓勵人們好學不倦；以及記述孔子不肯說什麼，不肯做什麼。

子罕言利[1]，與命與仁[2]。

【今譯】

孔子很少談財利，贊同天命，贊許仁德。

【注釋】

1 罕：少。
2 與：贊同，肯定。一說，"與"，是連詞"和"。則此句的意思爲：孔子很少談財利、天命和仁德。宋儒程頤就曾說："計利則害義，命之理微，仁之道大，皆夫子所罕言也。"但是，綜觀《論語》全書，共用"命"字21次，其中含"命運""天命"意義的，有10次；共用"仁"字109次，其中含"仁德"意義的達105次。由此看來，說孔子很少談天命和仁德，是缺乏根據的。

達巷黨人曰[1]："大哉孔子！博學而無所成名。"子聞之，謂門弟子曰："吾何執[2]？執御乎？執射乎？吾執御矣。"

【今譯】

達巷那個地方的人說:"真偉大呀孔子! 知識學問很廣博,而没有可以成名的專長。"孔子聽到這話,對本門弟子們說:"我專做什麽呢? 做駕車的事嗎? 做射箭的事嗎?〔那麽〕我從事駕車吧!"

【注釋】

1 達巷黨人:達巷那個地方的人。"達巷",地名。山東省滋陽縣(今兖州市)西北,相傳即達巷黨人所居。"黨",古代地方組織,五百家爲一黨。一說,"達巷黨人",指項橐(tuó 駝)。傳說項橐七歲爲孔子師。

2 執:專做,專門從事。

　　　　子曰:"麻冕¹,禮也;今也純²,儉³。吾從衆。拜下⁴,禮也;今拜乎上,泰也⁵。雖違衆,吾從下。"

【今譯】

孔子説:"用麻布做的禮帽,符合古禮;現在用絲綢做,比較節儉。我贊成衆人的做法。〔臣見君王〕先在堂下跪拜行禮〔然後升堂再跪拜一次〕,符合古禮;現在〔臣見君,不先在堂下拜,而是直接〕升堂時行一次跪拜禮,這是高傲輕慢的表現。雖然違反衆人的做法,我還是贊成先在堂下行跪拜禮。"

【注釋】

1 麻冕：用蘕布製成的禮帽。按古時規定，要用兩千四百根蘕線，織成二尺二寸寬（約合現在一尺五寸）的布來做。很費工，所以不如用絲綢儉省。

2 純：黑色的絲綢。

3 儉：節儉，儉省。

4 拜下：按照傳統古禮，臣見君王，先在堂下跪拜；君王打了招呼之後，到堂上再跪拜一次。

5 泰：輕慢，驕奢。

　　　子絕四：毋意[1]，毋必[2]，毋固[3]，毋我[4]。

【今譯】

孔子杜絕了四種缺點：不憑空猜測意料，不絕對肯定，不固執拘泥，不自以為是。

【注釋】

1 毋：同"勿"。不，不要。　意：推測，猜想。

2 必：必定，絕對化。

3 固：固執，拘泥。

4 我：自私，自以為是，唯我獨尊。

　　　子畏于匡[1]，曰："文王既沒[2]，文不在茲乎[3]？天之將喪斯文也，後死者不得與于斯文也[4]；天之未喪斯文也，匡人其如予何⁵!"

【今譯】

孔子在匡地受到圍困拘禁,他説:"周文王已經死了,周代的文化遺産不都是在我這裡嗎?上天如果想要毁滅這種文化,我就不可能掌握這種文化了;上天如果不要毁滅這種文化,匡人能把我怎麼樣呢?"

【注釋】

1 子畏于匡:"畏",受到威脅,被拘禁。"匡",地名。今河南省長垣縣西南十五里有"匡城",疑即此地。公元前496年,孔子從衛國去陳國時,經過匡地,被圍困拘禁。其原因有二:一、當時楚國正進攻衛、陳,羣衆不瞭解孔子,對他懷疑,有敵意,有戒心。二、匡地曾遭受魯國陽貨的侵擾暴虐。陽貨,又名陽虎(一説,字貨),是春秋後期魯國季氏的家臣,權勢很大。當陽貨侵擾匡地時,孔子的一名弟子顏克曾經參與。這次,孔子來到匡地,正好是顏克駕馬趕車,而孔子的相貌又很像陽貨,人們認出了顏克,於是以爲是仇人陽貨來了,便將他包圍,拘禁了五天,甚至想殺他。直到弄清眞情,才放了他們。

2 文王:周文王。姓姬,名昌,西周開國君王周武王(姬發)的父親。孔子認爲文王是古代聖人之一。

3 兹:這,此。這裡指孔子自己。

4 後死者:孔子自稱。 與:參與。引申爲掌握,瞭解。一説,通"舉"。興起。

5 如予何:把我如何,能把我怎麼樣。"予",我。

太宰問于子貢曰[1]:"夫子聖者與[2]?何其多能也?"子貢曰:"固天縱之將聖[3],又多能也。"子聞之,曰:"太宰知我乎?吾少也賤,故多能鄙事[4]。君子多乎哉?不多也。"

【今譯】

太宰問子貢道:"孔夫子是聖人吧?怎麼這樣多才多藝呢?"子貢說:"這本是上天使他成爲聖人,又使他多才多藝的。"孔子聽到後,說:"太宰瞭解我嗎?我少年時貧賤,所以會許多卑賤的技藝。〔地位高的〕君子會有這麼多的技藝嗎?不會多啊。"

【注釋】

1 太宰:周代掌管國君宮廷事務的官員。當時,吳、宋二國的上大夫,也稱太宰。一說,這人就是吳國的太宰伯嚭(pī 匹),不可確考。
2 與:同"歟"。語氣助詞。
3 縱:讓,使,聽任,不加限量。
4 鄙事:低下卑賤的事。孔子年輕時曾從事農業勞動,放過羊,趕過車,當過倉庫保管,還當過司儀,會吹喇叭演奏樂器等等。

牢曰[1]:"子云:'吾不試[2],故藝。'"

【今譯】

牢說:"孔子說過:'〔年少時〕我沒有〔被任用〕做官,所以學會許多技藝。'"

【注釋】

1 牢:有人認爲是孔子的弟子琴牢。姓琴,字子開,一字子張,或稱"琴張"。衛國人。但《史記·仲尼弟子列傳》並無此人。
2 試:用。引申爲被任用,做官。

子曰:"吾有知乎哉?無知也。有鄙夫問于我¹,空空如也。我叩其兩端而竭焉²。"

【今譯】

孔子說:"我有知識嗎?沒有知識。有位鄉下人問我〔一些問題〕,我腦子裡像是空空的;可是我詢問了〔那些問題的〕正反兩方面,就完全有了〔答案〕。"

【注釋】

1 鄙夫:這裡指鄉村的人。"鄙",周制,以五百家爲"鄙"。後也稱小邑、邊邑爲"鄙"。
2 叩:詢問。 兩端:兩頭。指事情(問題)的正反、始終、本末等兩個方面。 竭:完全,窮盡。

子曰:"鳳鳥不至¹,河不出圖²,吾已矣夫!"

【今譯】

孔子說:"鳳鳥不飛來,黃河也不出現八卦圖,我〔這一生〕將要完了!"

【注釋】

1 鳳鳥:古代傳說中的一種神鳥。雄的叫"鳳",雌的叫"凰",羽毛非常美麗,爲百鳥之王。傳說鳳鳥在舜的時代和周文王時代出現過。鳳鳥的出現,象徵着天下太平,"聖王"將要出世。

2 圖:傳說上古伏羲時代,黃河中有龍馬背上駄着"八卦圖"出現。"圖"的出現,是"聖人受命而王"的預兆。《尚書·周書·顧命》篇,記有"河圖"之事。文中,孔子以"鳳""圖"之說,表示自己對當時政治黑暗,天下混亂,"大道不行"的失望。

子見齊衰者¹,冕衣裳者與瞽者²,見之,雖少,必作³;過之,必趨⁴。

【今譯】

孔子遇見穿喪服的人,戴禮帽穿禮服的人和盲人,雖然他們年輕,相見時,孔子一定站起身來;在他們面前經過的時候,也一定要恭敬地邁小步快快走過。

【注釋】

1 齊衰（zī cuī 資崔）：古代用藨布做的喪服。爲五服之一，因其緝邊縫齊，故稱。"齊"，衣的下襬。

2 冕衣裳者："冕"，做官人戴的高帽子；"衣"，上衣；"裳"，下服。總起來指穿着禮服（官服）的人。 瞽（gǔ 古）：雙目失明，盲人。

3 作：站起身來。表示同情和敬意。

4 趨：邁小步快走。也是表示敬意。

顏淵喟然歎曰[1]："仰之彌高[2]，鑽之彌堅[3]；瞻之在前[4]，忽焉在後。夫子循循然善誘人[5]，博我以文，約我以禮，欲罷不能，既竭吾才。如有所立卓爾[6]，雖欲從之，末由也已[7]。"

【今譯】

顏淵感歎地說："〔老師的道德品格和學識，〕抬頭仰望，越望越覺得高；努力去鑽研，越鑽研越覺得艱深；看着好像在前面，忽然又像是在後面。老師善於一步一步地誘導人，用文化典籍來豐富我的知識，用禮節來約束我的行動，使我想停止前進也不可能，直到竭盡了我的才力〔也不能停止學習〕。總好像有一個非常高大的東西立在前面，雖然很想要攀登上去，卻沒有途徑。"

【注釋】

1 喟（kuì 潰）：歎氣，歎息。
2 彌：更加，越發。
3 鑽：深入鑽研。　堅：本意是堅硬，堅固。這裡引申爲深，艱深。
4 瞻（zhān 沾）：看，視。
5 循循然：一步一步有次序地。　誘：引導，誘導。
6 卓爾：高大直立的樣子。
7 末由：指不知從什麼地方，不知怎麼辦，沒有辦法去達到。"末"，沒有，無。"由"，途徑。

子疾病[1]，子路使門人爲臣[2]。病間[3]，曰："久矣哉，由之行詐也[4]！無臣而爲有臣。吾誰欺？欺天乎？且予與其死于臣之手也，無寧死于二三子之手乎[5]？且予縱不得大葬[6]，予死于道路乎？"

【今譯】

孔子病重，子路派弟子去做家臣〔以便負責料理後事〕。後來孔子的病好轉一些，便說："很久了啊，仲由幹這種欺騙人的事！我本來沒有家臣，卻要裝作有家臣。讓我欺騙誰呢？欺騙上天嗎？況且，我與其在家臣的料理下死去，倒不如在弟子你們的料理下死去。而且，我即使不能以大夫之禮來隆重安葬，難道我會死在道路上嗎？"

【注釋】

1 疾病:"疾",生病。"病",病重,病危。
2 臣:指家臣。按當時禮法,只有受封的大夫,才有家臣,死後喪事,也是由家臣負責料理。孔子那時已經不做官了,本來沒有家臣,但是子路卻要安排門人去充當孔子的家臣,這是爲了擺一下排場,準備以大夫之禮來安葬孔子。
3 間(jiàn見):本指間隙。這裡指疾病好了一些,病勢轉輕。
4 由:即子路。姓仲名由,子路是字。
5 無寧:"無",發語詞,沒有意義。"寧",寧可。"無寧"常與"與其"連用,表示選擇。"與其"用在放棄的一面,"無寧"用在肯定的一面。 二三子:對弟子們的稱呼,猶言"你們幾位"。
6 大葬:指按葬大夫的禮節來安葬。

子貢曰:"有美玉于斯,韞櫝而藏諸[1]?求善賈而沽諸[2]?"子曰:"沽之哉!沽之哉!我待賈者也!"

【今譯】

子貢說:"有一塊美玉在這裡,是把它放入櫃子裡收藏起來呢?還是找一個識貨的商人賣掉它呢?"孔子說:"賣它吧!賣它吧!我正等着識貨的商人哩!"

【注釋】

1 韞櫝:"韞(yùn運)",收藏起來。"櫝(dú毒)",櫃子。後以"韞櫝"表示懷才未用。

2 賈(gǔ古):商人。古代稱行商,爲商;有固定店舖的商人,爲賈。沽(gū姑):賣,買。 諸:"之乎"二字的合音。

子欲居九夷¹。或曰:"陋²,如之何?"子曰:"君子居之,何陋之有?"

【今譯】

孔子想要遷到九夷地方居住。有人説:"那裡很落後,如何能居住呢?"孔子説:"君子居住到那裡〔去實行教化〕,還有什麼落後的呢?"

【注釋】

1 九夷:我國古代稱東部的少數民族爲夷。至於"九夷",或説是指九個不同的部族;或説是對東部夷族地區的總稱;或説即"淮夷",是散居於淮水、泗水之間的一個部族。已不可確考。
2 陋:本義是狹小,簡陋。這裡引申爲經濟、文化的落後。

子曰:"吾自衛反魯¹,然後樂正,《雅》《頌》各得其所²。"

【今譯】

孔子説:"我自衛國返回魯國,然後把樂曲進行了整理訂正,使雅歸雅,頌歸頌,各歸於適當的位置。"

【注釋】

1 自衛反魯:"反",同"返"。指公元前484年（魯哀公十一年）冬,因衛國發生內亂,孔子從那兒返回魯國,結束了他十四年來"周遊列國"的生活。

2 雅,頌:《詩經》篇章分《風》、《雅》、《頌》三大類。在古代,《詩經》305篇詩,都是能唱的。不同的詩配有不同的樂曲。奏於朝曰雅,奏於廟曰頌。這裡指《雅》、《頌》的樂章內容和曲譜,都得到了孔子的整理與訂正,而教之於徒,傳之於世。

子曰:"出則事公卿,入則事父兄,喪事不敢不勉,不爲酒困,何有于我哉?"

【今譯】

孔子説:"在外〔從政就職〕事奉君王公卿,在家事奉父母兄長,辦理喪事不敢不勤勉盡力,就是喝酒也不致被醉倒,〔這些事〕我做到了哪些呢?"

【注釋】

1 "何有"句:一説,此句意爲:我還有什麼困難或遺憾呢?

子在川上曰:"逝者如斯夫[1],不舍

晝夜²。"

【今譯】

孔子在河邊説:"消逝的時光就像這河水一樣啊!日日夜夜不停地流去。"

【注釋】

1 逝者:指逝去的歲月、時光。 斯:這。這裡指河水。 夫(fú扶):語氣助詞。
2 舍:止,停留。

  子曰:"吾未見好德如好色者也¹。"

【今譯】

孔子説:"我沒見過愛慕德行像愛慕美色〔那樣熱切〕的人。"

【注釋】

1 "吾未見"句:據《史記·孔子世家》記載,孔子"居衛月餘,靈公與夫人(南子)同車,宦者雍渠參乘出,使孔子爲次乘(後面的第二部車子),招搖市過之"。孔子因而發出了這一感歎。

  子曰:"譬如爲山,未成一簣¹,止,吾止也。譬如平地,雖覆一簣²,進,吾往也³。"

151

【今譯】

孔子說:"比如用土來堆一座山,只差一筐土便能堆成,可是停止了,那是我自己停止的。比如在平地上〔堆土成山〕,雖然才倒下一筐土,可是前進〔繼續堆土〕,那是我自己堅持往前的。"

【注釋】

1 簣(kuì 潰):裝土用的竹筐子。
2 覆:底朝上翻過來傾倒。
3 往:猶言前進。這幾句話的言外之意是:辦事中道而止,則前功盡棄,停止或前進,責任在自己而不在別人。

子曰:"語之而不惰者[1],其回也與[2]!"

【今譯】

孔子說:"聽我對他說話而不懈怠的,莫非只有顏回吧!"

【注釋】

1 惰:懈怠,不恭敬。
2 其:表示揣測、反詰。莫非,難道,也許。 與:同"歟"。語氣助詞。

子謂顏淵曰:"惜乎!吾見其進也,未見其止也。"

【今譯】

孔子談到顏淵，〔追歎〕說："真可惜呀〔他不幸死了〕！我只看到他不斷前進，從來沒見他停止過。"

子曰："苗而不秀者有矣夫！秀而不實者有矣夫[1]！"

【今譯】

孔子說："〔種莊稼〕只是出苗而不秀穗的是有的吧！只秀穗卻不灌漿不結果實的也是有的吧！"

【注釋】

1　據《論語注疏》，此章是孔子惋惜顏淵早逝而作。

子曰："後生可畏，焉知來者之不如今也？四十、五十而無聞焉，斯亦不足畏也已。"

【今譯】

孔子說："年輕人是值得敬服的，怎麼知道將來的人們不如現在的人們呢？但如果到了四十歲、五十歲還默默無聞，那也就不值得敬服了。"

子曰:"法語之言¹,能無從乎?改之爲貴。巽與之言²,能無說乎³?繹之爲貴⁴。說而不繹,從而不改,吾末如之何也已矣。"

【今譯】

孔子說:"符合禮法的話,能不聽從嗎?但只有〔按照原則〕改正〔自己的缺點錯誤〕,才是可貴的。順耳好聽的話,能不讓人高興嗎?但只有分析鑒別〔這些話的真僞是非〕,才是可貴的。如果只高興而不分析鑒別,只聽從而不改正自己,〔對於這樣的人〕我實在沒有什麽辦法啊。"

【注釋】

1 法語之言:指符合禮法規範、符合國家法令的正確的話。"法",法則,規則,原則。
2 巽與之言:"巽(xùn遜)",通"遜",謙遜,恭順。"與",贊許,稱讚。巽與之言,指那種順耳好聽的、恭維稱道的言詞。
3 說:同"悅"。
4 繹(yì義):本義是抽絲。引申爲尋究事理,分析鑒別以便判斷真假是非。

子曰:"主忠信。毋友不如己者。過則勿憚改¹。"

【今譯】

孔子說:"做人,主要講求忠誠,守信用。不要同不如自己的人交朋友。如果有了過錯,就不要怕改正。"

【注釋】

1 《學而篇第一》第八章文字與此略同,可參閱。

子曰:"三軍可奪帥也[1],匹夫不可奪志也[2]。"

【今譯】

孔子說:"三軍可以喪失它的主帥,一個人卻不可以喪失他的志向。"

【注釋】

1 三軍:古制,一萬二千五百人為一軍。周朝,一個大諸侯國可擁有三軍(三萬七千五百人)。
2 匹夫:普通的人,男子漢。

子曰:"衣敝縕袍[1],與衣狐貉者立[2],而不恥者,其由也與?'不忮不求,何用不臧[3]?'"子路終身誦之。子曰:"是道也,何足以臧?"

【今譯】

孔子説:"穿着破舊的絲綿袍子,同穿着狐貉皮袍子的人在一起站着,而不覺得自己恥辱的人,大概只有仲由吧?〔《詩經》中説:〕'不嫉妒別人,不貪求財物,什麽行爲能不好呢?'"子路終身經常背誦這兩句詩。孔子説:"做到這樣固然是道之所在,〔但〕怎麽能算得上十足的好呢?"

【注釋】

1 衣敝縕袍:"衣",做動詞用,穿。"敝",破,壞。"縕(yùn運)":亂蔴、舊綿絮。全句指穿着破舊的用亂蔴摻舊綿絮做的袍子。

2 衣狐貉者:穿着狐狸皮貉皮袍子的人。指富貴者。"貉(hé盒)",似狸,毛皮珍貴。

3 "不忮"二句:出自《詩經·邶風·雄雉》篇。"忮(zhì志)",嫉妒別人。"求",貪求財物。"何用",何行,什麽行爲。"臧(zāng髒)",好,善。

子曰:"歲寒,然後知松柏之後凋也¹。"

【今譯】

孔子説:"到了一年最寒冷的時節,才知道松柏樹是最後凋謝的。"

【注釋】

1 凋(diāo刁):凋零,萎謝,草木花葉脱落。松柏樹四季常青，經冬不凋。孔子以此爲喻，有"烈火見眞金"、"路遙知馬力"、"國亂識忠臣"、"士窮顯節義"的含意。

> 子曰："知者不惑[1]，仁者不憂，勇者不懼。"

【今譯】

孔子說："聰明智慧的人不會迷惑，實行仁德的人不會憂愁，真正勇敢的人不會畏懼。"

【注釋】

1 知：同"智"。智，仁，勇，是孔子所提倡的三種傳統美德。

> 子曰："可與共學，未可與適道[1]；可與適道，未可與立；可與立，未可與權[2]。'唐棣之華，偏其反而。豈不爾思，室是遠而[3]。'"子曰："未之思也，夫何遠之有？"

【今譯】

孔子說："能够一起學習的人，未必能一起學到'道'；能够學到'道'的人，未必能堅定不移地守'道'；能够堅守'道'的人，未必能靈活運用，隨機應變。古詩說：'唐棣樹的花，搖搖擺擺，先開後合。難道我不思念你嗎？你居住的太遙遠了。'"孔子〔又〕說："這是沒有真正思念啊，〔如果真在思念〕那還有什麼遙遠不遙遠呢？"

【注釋】

1　適：往。這裡含有達到、學到的意思。　道：指真理。

2　權：本義是秤錘。引申爲權衡，隨宜而變。

3　"唐棣"四句：古詩。"唐棣（dì 弟）"，又作"棠棣"，"常棣"，樹木名。生江南山谷中，一名杉，也叫鬱李，屬薔薇科，落葉灌木。《詩經·小雅·常棣》有句："常棣之華，鄂不韡韡。"大意說，常棣樹上的花啊，花萼光明，鮮鮮亮亮。其內涵是借棠棣的花與萼相依相托，比喻兄弟的親密關係與互相友愛。"華"，同"花"。"偏其反而"，此言唐棣之花在風中翩飛翻舞。"偏"，同"翩"。疾飛，隨風翻動搖擺。"反"，通"翻"。翻動。"而"，語助詞，沒有實際意義。"豈不爾思"，即"豈不思爾"。"爾"，你。"室"，居住之處。此詩出處已不可考。按詩意推測，作者可能是借唐棣花起興，表達他希望同情人（或友人）聚合的心情。

孔子以上這段話，闡明了掌握"道"、實行"道"的層次有五：一、能學習"道"；二、能把"道"真正學到手；三、能堅守"道"；四、能靈活運用"道"，以隨機應變；五、只要心中常想着"道"，"道"並不遙遠，就在眼前；重要的不在於口頭上講，而在於實際去做。

鄉黨篇第十

(共二十七章)

主要講孔子平素的舉止言談，衣食住行，生活習慣。

孔子于鄉黨[1]，恂恂如也[2]，似不能言者。其在宗廟朝廷，便便言[3]，唯謹爾。

【今譯】

孔子在家鄉，表現得信實謙卑、溫和恭順，似乎是不善於講話的人。〔但是〕在宗廟祭祀、在朝廷會見君臣的場合，他非常善於言談，辯論詳明，只是比較謹慎罷了。

【注釋】

1 鄉黨：指在家鄉本地。古代，一萬二千五百戶為一鄉，五百戶為一黨。
2 恂恂 (xún 尋)：信實謙卑，溫和恭順，而又鄭重謹慎的樣子。
3 便便 (pián 駢)：擅長談論，善辯。

朝，與下大夫言[1]，侃侃如也[2]；與上大夫言，誾誾如也[3]。君在，踧踖如也[4]，與與如也⁵。

【今譯】

〔孔子〕在朝廷上,〔當君王還未臨朝時〕與〔同級的〕下大夫說話,剛直和樂,從容不迫;與〔地位尊貴的〕上大夫說話,和顏悦色,中正誠懇。君王臨朝到來,〔孔子〕表現出恭敬而又不安,慢步行走而又小心謹慎。

【注釋】

1　下大夫:周代,諸侯以下是大夫。大夫的最高一級,稱"卿",即"上大夫";地位低於上大夫的,稱"下大夫"。孔子當時的地位,屬下大夫。

2　侃侃(kǎn砍):說話時剛直和樂,理直氣壯,而又從容不迫。

3　誾誾(yín銀):和顏悦色,而能中正誠懇,盡言相諍。

4　踧踖(cù jí 醋急):恭敬而又不安的樣子。

5　與與:慢步行走,非常小心謹慎的樣子。

君召使擯¹,色勃如也²,足躩如也³。揖所與立,左右手,衣前後,襜如也⁴。趨進,翼如也⁵。賓退,必復命曰:"賓不顧矣⁶。"

【今譯】

〔魯國〕國君下令使孔子接待外賓,〔孔子〕臉色立刻莊重起來,腳步加快起來。〔孔子〕向同他站在一起的人作揖時,向左向右拱手,衣服前後擺動,都很整齊。他快步向前時,姿態像鳥兒要展翅飛翔。賓客走了以後,一定向國君回報說:"賓客已經不回頭看了。"

【注釋】

1 擯(bìn 鬢):同"儐"。古代稱接引招待賓客的負責官員。這裡用作動詞,指國君下令,使孔子去接待外賓。
2 勃如:心情興奮緊張,臉面表現得莊重矜持。
3 躩(jué 絕):快步前進,腳旋轉而表敬意。
4 襜(chān 攙):衣服整齊飄動。
5 翼如:像鳥兒張開翅膀。
6 不顧:不回頭看。指客人已走遠了。

入公門,鞠躬如也[1],如不容。立不中門,行不履閾[2]。過位[3],色勃如也,足躩如也,其言似不足者[4]。攝齊升堂[5],鞠躬如也,屏氣似不息者[6]。出,降一等[7],逞顏色[8],怡怡如也[9]。沒階[10],趨進,翼如也。復其位,踧踖如也。

【今譯】

〔孔子〕走進諸侯國君的大門,便低頭躬身〔非常恭敬〕,好像不容他直着身子進去。站立時不在門的中間，行走時不踩門坎。經過國君的席位時，臉色立刻莊重起來，腳步加快，說話時好像氣力不足的樣子。提起衣服的下襬向大堂上走的時候，低頭躬身〔恭敬謹慎〕，憋住一口氣好像停止呼吸一樣。出來時，走下一級台階，才舒展臉色，顯出輕鬆的樣子。走完了台階，快步向前，姿態像鳥兒展翅。回到自己的位置上，還要表現出恭敬而又不安的樣子。

【注釋】

1 鞠躬：這裡指低頭躬身恭敬而謹慎的樣子。
2 履：走，踩。 閾（yù 玉）：門限，門檻。
3 過位：按照古代禮節，君王上朝與羣臣相見時，前殿正中門屏之間的位置是君王所立之位。到議論政事進入內殿時，羣臣都要經過前殿君王所立的位子，這時君王並不在，只是一個虛位，但大夫們"過位"時，為了尊重君位，態度仍必須恭敬嚴肅。
4 言似不足：說話時聲音低微，好像氣力不足的樣子。一說，同朝者要盡量少說話，不得不應對時，也要答而不詳，言似不足。這都是為了表示恭敬。
5 攝齊："攝"，提起，摳起。"齊（zī 資）"，衣服的下襟，下襬，下縫。朝臣升堂時，一般要雙手提起官服的下襟，離地一尺左右，以恐前後踩着衣襟或傾跌失禮。
6 屏氣："屏（bǐng 丙）"，抑制，強忍住。屏氣，就是憋住一口氣。 息：呼吸。
7 降一等：從台階走下一級。
8 逞顏色：這裡指舒展開臉色，放鬆一口氣。"逞"，快意，稱心，放縱。

9 怡怡如：輕鬆愉快的樣子。
10 沒階：指走完了台階。"沒（mò墨）"，盡，終。

執圭[1]，鞠躬如也，如不勝[2]。上如揖，下如授。勃如戰色，足蹜蹜[3]，如有循[4]。享禮[5]，有容色。私覿[6]，愉愉如也[7]。

【今譯】

〔孔子出使到別的諸侯國去〕舉着圭，低頭躬身〔非常恭敬〕，好像舉不動的樣子。向上舉好像作揖，放下來好像遞東西給別人。臉色莊重而昂奮，好像戰戰兢兢；步子邁得又小又快，好像沿着一條直線往前走。在贈送禮品的儀式上，顯出和顏悅色。〔以個人身份〕私下會見時，滿臉笑容。

【注釋】

1 圭（guī歸）：一種上圓下方的長條形玉器。舉行朝聘、祭祀、喪葬等禮儀大典時，帝王、諸侯、大夫手裡都要拿着這種玉器。依不同的地位身份，所拿的圭也各有不同。這裡指大夫出使到別的諸侯國去，手裡拿着代表本國君主的圭，作爲信物。
2 不勝：擔當不起，承受不住，幾乎不能做到。
3 蹜蹜（sù素）：形容腳步細碎緊密，一種小步快走的樣子。
4 循：順着，沿着。
5 享禮：向對方貢獻禮品的儀式。"享"，獻。

6 覿（dí笛）：見面，會見，以禮相見。
7 愉愉：快樂，心情舒暢，露出笑容。

　　君子不以紺緅飾¹，紅紫不以爲褻服²。當暑，袗絺綌³，必表而出之⁴。緇衣⁵，羔裘⁶；素衣⁷，麑裘⁸；黃衣，狐裘。褻裘長，短右袂⁹。必有寢衣，長一身有半。狐貉之厚以居¹⁰。去喪，無所不佩。非帷裳¹¹，必殺之¹²。羔裘玄冠不以弔¹³。吉月¹⁴，必朝服而朝。

【今譯】

　　君子不用深青透紅或黑中透紅的布做鑲邊，不用紅色或紫色的布做平日在家穿的便服。在夏天，穿粗麻或細麻布做的單衣，但一定要套在外面。〔冬天〕黑色罩衣，配黑羊羔皮袍；白色罩衣，配白鹿皮袍；黃色罩衣，配狐狸皮袍。平常在家穿的皮袍，要做得長一些，右邊的袖子短一些。必須有睡衣，要一身半長。要用毛長的狐貉皮製作坐墊。〔服喪期滿〕脫去喪服，可以佩戴各種裝飾品。如果不是禮服，必須加以剪裁，去掉多餘的布。不要穿黑羊羔皮袍戴黑色禮帽去弔喪。每月的初一，一定要穿朝服去上朝。

【注釋】

1　紺（gàn 贛）：深青透紅（帶紅）的顏色（一說，天青色）。是古時齋戒服裝所用的顏色。　緅（zōu 鄒）：黑中透紅的顏色（一說，鐵灰色）。是古時喪服所用的顏色。飾：服裝上的裝飾。這裡指衣服領子、袖子上的鑲邊等。

2　褻（xiè 謝）服：平常在家穿的私服、便服。貼身穿的內衣也稱褻服。因為紅紫色是製做禮服的莊重的顏色，所以，褻服不能用紅紫色。

3　袗絺綌：“袗（zhěn 診）”，單衣。“絺（chī 吃）”，細葛布，葛布。“綌（xì 細）”，粗葛布。袗絺綌，指穿細葛布或粗葛布做的單衣。

4　“必表”句：一定把葛布單衣穿在外表，而裡面還要襯上內衣。一說，“表”，是上衣，是套在外表的衣服。古人不論冬夏，出門時都要外加上衣。

5　緇（zī 玆）：黑色。

6　羔裘：黑色羊羔皮做的皮袍。

7　素：白色。

8　麑裘：指用小鹿皮做的皮袍。“麑（ní 尼）”，白色幼鹿。

9　短右袂：指右手的袖子做得短一些，便於做事。“袂（mèi 妹）”，袖子。

10　“狐貉”句：用厚毛的狐貉皮製做成坐墊。“以”，用。“居”，坐。

11　帷裳：朝拜和祭祀時穿的禮服。古時規定，要用整幅的布來做禮服，多餘的布不裁掉，而要折疊起來縫上。

12　殺：消除。這裡指剪裁掉。如果不是製做禮服，必須加以剪裁，去掉多餘的布。

13　玄冠：黑色的禮帽。

14　吉月：陰曆每月的初一。也稱作朔月。一說，只指每年正月歲首。

齊¹，必有明衣²，布。齊必變食³，居必遷坐⁴。

【今譯】

齋戒時，一定要有洗澡後換穿的乾淨內衣，要用布做的。齋戒時，一定要改變飲食，住處一定要從臥室遷出。

【注釋】

1　齊：同"齋"。齋戒。
2　明衣：指齋戒期間沐浴後所換穿的貼身衣服。
3　變食：改變平常的飲食。特指不飲酒，不吃葷，不吃葱蒜韭等有異味的東西。
4　居必遷坐：指齋戒時的住處，要從內室（平時的卧室）遷到外室，不與妻妾同房。

食不厭精¹，膾不厭細²。食饐而餲³，魚餒而肉敗⁴，不食。色惡，不食。臭惡，不食。失飪⁵，不食。不時⁶，不食。割不正，不食。不得其醬，不食。肉雖多，不使勝食氣⁷。唯酒無量，不及亂⁸。沽酒市脯⁹，不食。不撤薑食。不多食¹⁰。

【今譯】

飯食不嫌做得精，魚肉不嫌切得細。糧食陳

舊變味了，魚不新鮮了，肉腐爛了，不吃。食物的顏色變壞了，不吃。氣味不好聞了，不吃。烹煮的不得當，不吃。不到該吃的時候，不吃。不按一定方法宰割的肉，不吃。醬、醋作料放得不適當，不吃。肉雖然多，〔吃時〕不要超過主食的數量。唯獨酒無限量，但不能喝到昏醉的程度。買來的酒和市上的熟肉乾，不吃。不去掉薑。不要多吃。

【注釋】

1 不厭：不厭煩，不排斥，不以爲不對。

2 膾（kuài 快）：細切的魚肉。

3 饐（yì 義）：食物長久存放，陳舊了，霉爛變質了。餲（ài 艾）：食物放久變了味，餿了。

4 餒（něi 內上聲）：魚類不新鮮了，腐爛了。 敗：肉類不新鮮了，腐爛了。

5 飪（rèn 任）：烹調，煮熟。

6 不時：不到該吃的時候。指吃飯要定時。一說，不吃過了時的、不新鮮的蔬菜。另說，不到成熟期的糧食、果、菜，不能吃，吃了會傷人。

7 氣：同"餼（xì 戲）"。糧食。

8 不及亂：不到喝醉而神智昏亂的地步。

9 脯（fǔ 府）：熟肉乾，乾肉。

10 不多食：不多吃，不要吃得過飽而傷腸胃。另說，與"不撤薑食"相連，指每餐都要吃點薑，但也不要多吃薑。

祭于公[1]，不宿肉[2]。祭肉不出三日[3]。

出三日不食之矣。

【今譯】

參加國君祭祀典禮分到的肉,不能過夜。〔平常〕祭祀用過的肉不能超過三天。超過了三天就不吃它了。

【注釋】

1 祭于公:指士大夫等參加國君舉行的祭祀典禮。
2 不宿肉:"肉",指"胙肉",祭祀所用的肉。胙肉一般由祭祀當天清晨特意宰殺的牲畜肉充任,到第二天祭禮完全結束後再分賜給助祭者。故這種胙肉拿回家已是宰殺後的兩三天了,不宜再放過夜。
3 祭肉:指自家祭祀所用的肉。

食不語,寢不言。

【今譯】

吃飯時不交談,睡覺時不說話。

雖疏食菜羹[1],必祭[2],必齊如也。

【今譯】

雖然是吃粗米飯蔬菜湯,也一定先要祭一祭,一定要像齋戒時那樣恭敬嚴肅。

【注釋】

1 疏食：粗食，吃蔬菜和穀米類。 羹（gēng 庚）：濃湯。

2 必：底本作"瓜"，據《魯論語》改。 祭：指吃飯前把席上的各種飯菜分別拿出一點，另擺在食器之間，以祭祀遠古發明飲食的祖先，表示不忘本。一說，即指一般的祭祖先或祭鬼神。

席不正[1]，不坐。

【今譯】

蓆子擺放不端正，不要坐。

【注釋】

1 席：坐席。古代沒有椅子櫈子，在地上鋪上蓆子以爲坐具。

鄉人飲酒[1]，杖者出[2]，斯出矣。

【今譯】

在舉行鄉飲酒禮後，要等老年人先走出去，自己才出去。

【注釋】

1 鄉人飲酒：指舉行鄉飲酒禮。鄉飲酒禮是周代儀禮的一種，可參看《儀禮·鄉飲酒禮》及《禮記·鄉飲酒義》。

2 杖者：拄拐杖的人，即老年人。我國古代素有尊老敬老的傳統美德。周禮講："五十杖于家，六十杖于鄉，七十杖于國，八十杖于朝。九十者，天子欲有問焉，則就于其家。"對九十歲的老人，連天子有事要問，也要到老人的家裏去。

> 鄉人儺[1]，朝服而立于阼階[2]。

【今譯】

本鄉的人們舉行迎神賽會驅疫逐鬼儀式時，〔孔子〕總是穿着朝服站立在東面的台階上。

【注釋】

1 儺（nuó 挪）：古代在臘月裡舉行的迎神賽會、驅疫逐鬼的一種儀式。主持者頭戴面具，蒙熊皮，穿黑衣，執戈，揚盾，率百隸及童子，敲着鼓，跳着舞，表演驅疫捉鬼的內容。

2 阼（zuò 作）：大堂前面靠東面的台階。這裡是主人站立以歡迎客人的地方。

> 問人于他邦[1]，再拜而送之。

【今譯】

〔孔子〕托別人代爲問候在其他諸侯國的朋友時，要躬身下拜，拜兩次，送走所托的人。

【注釋】

1 問：問候，問好。這裡指托別人代爲致意。

康子饋藥¹,拜而受之。曰:"丘未達²,不敢嘗。"

【今譯】

季康子贈藥,〔孔子〕拜謝而接受了。並説:"我對藥性不瞭解,不敢嘗。"

【注釋】

1 康子:即季康子。參閲《爲政篇第二》第二十章。饋(kuì愧):贈送。按當時的禮節,接受別人送的藥,要當面嘗一嘗。
2 達:瞭解,通達事理。

廄焚¹。子退朝,曰:"傷人乎?"不問馬。

【今譯】

馬棚失火焚毀了。孔子從朝廷回來,問:"傷人了嗎?"卻不問馬。

【注釋】

1 廄(jiù舊):馬棚,馬房。後也泛指牲口房。

君賜食,必正席先嘗之。君賜腥¹,

必熟而薦之²。君賜生，必畜之。侍食于君，君祭，先飯。

【今譯】

國君賜給食物，〔孔子〕一定擺正坐席，先嚐一嚐。國君賜給生肉，一定煮熟了先供奉祖先。國君賜給活的牲畜，一定把它飼養起來。陪同國君一起吃飯，當國君飯前行祭禮時，自己先吃飯〔不吃菜〕。

【注釋】

1 腥：生肉。
2 薦：供奉，進獻。這裡指煮熟了肉先放在祖先靈位前上供，表示進奉。本章所述各種作法，都是表示敬意。

疾，君視之¹，東首²，加朝服，拖紳³。

【今譯】

〔孔子〕患病，國君來看望，他〔躺在牀上〕頭朝東，把朝服加蓋在身上，拖着大束帶。

【注釋】

1 視：探視，看望。
2 東首：指頭朝東。
3 紳（shēn 身）：朝服的束在腰間的大寬帶子。孔子因病臥牀，不能穿朝服束腰，故把朝服加蓋在身上，把"紳"放在朝服上，拖下帶子去，表示對國君的尊敬與迎接。

君命召，不俟駕行矣[1]。

【今譯】

國君命令召見，〔孔子〕不等馬車駕好，就先步行走了。

【注釋】

1 俟（sì 四）：等待。 駕：套上馬拉車。

入太廟，每事問[1]。

【今譯】

〔孔子〕進入太廟〔助祭〕，對每件事都〔向主事人仔細〕詢問。

【注釋】

1 此章與《八佾篇第三》第十五章文字相似，可參閱。

朋友死，無所歸[1]，曰："于我殯。"

【今譯】

朋友死了，沒有人來料理後事。〔孔子〕說：

"由我來負責安葬。"

【注釋】

1 歸：歸宿。這裡指後事的安排，如裝殮，發喪，埋葬等。

> 朋友之饋，雖車馬，非祭肉[1]，不拜。

【今譯】

接受朋友贈送的禮物，即使是車馬〔那樣貴重的東西〕，如果不是祭肉，〔孔子〕也不躬身下拜。

【注釋】

1 祭肉：指祭祀祖先用的胙肉。爲了表示對朋友的祖先像對自己的祖先那樣尊敬，在接受祭肉時要拜。

> 寢不尸[1]，居不客[2]。

【今譯】

〔孔子〕睡覺時不是像死屍那樣直挺挺的躺着，平日在家坐着，也不像做客或接待客人那樣。

【注釋】

1 尸：死屍。這裡指像死屍一樣展開手足仰卧。
2 居：坐。　客：賓客。這裡用作動詞，指像做客或接待客人那樣鄭重地坐着——兩膝平跪，挺直腰板。這是一種比較費力的姿勢。這一句，有的版本是"居不容"。意思則成爲：平日居家可以隨便一點，不必像祭祀或接待賓客時那樣拘謹，使自己的容貌儀態十分鄭重嚴肅。

> 見齊衰者¹，雖狎²，必變。見冕者與瞽者³，雖褻⁴，必以貌。凶服者⁵，式之⁶。式負版者⁷。有盛饌⁸，必變色而作⁹。迅雷風烈必變。

【今譯】

〔孔子〕見到穿孝服的人，即使是關係親密，也一定要把態度變得嚴肅起來。見到穿官服的和盲人，即使是平日常在一起的熟人或卑賤的人，也一定要對他很有禮貌。〔乘車時途中〕遇上穿喪服或送死人衣物的人，便俯下身去伏在車前的橫木上。遇上揹着國家的戶籍冊疆域圖的人，也要伏在車前的橫木上。〔做客時〕遇有豐盛的筵席，一定把態度變得莊重，並且站起身來。遇上迅急的雷電和猛烈的大風，一定要把神態變得莊嚴。

【注釋】

1 齊衰（zī cuī 茲崔）：孝服。參見《子罕篇第九》第十章。
2 狎（xiá 俠）：親近，親密。
3 冕者：穿禮服、官服的人。 瞽者：盲人。

4 褻(xiè謝):親近。這裡指平日裡常見面的、熟悉的人,或卑賤的人。

5 凶服:喪服,也指死人的衣物。

6 式:同"軾",車前做扶手用的橫木。這裡指身子向前微俯,伏在橫木上,表示同情或尊敬。這是當時社會上的一種禮節。

7 負:揹負。 版:指國家的圖籍(疆域地圖,田畝、戶口名冊等)。

8 盛饌:指盛大豐足的筵席。"饌(zhuàn賺)",飲食。

9 作:起立,站起身來。

> 升車,必正立,執綏[1]。車中,不內顧,不疾言,不親指[2]。

【今譯】

〔孔子〕上車時,一定先站正了身子,拉住扶手上的索帶〔然後登車〕。在車上,不向車內回頭看,不急促地高聲說話,不舉起自己的手指指劃劃。

【注釋】

1 綏(suí隨):古代車上設置的拉着上車的繩索。

2 不親指:不舉起自己的手指指劃劃。這裡說的"不內顧,不疾言,不親指",都是爲了集中精力駕好車,防止自己的容態失禮或使別人產生疑惑。

> 色斯舉矣[1]。翔而後集。曰:"山梁雌

雉², 時哉時哉³!"子路共之⁴, 三嗅而作⁵。

【今譯】

〔孔子看到〕一羣野鷄飛起來而神色動了一下。〔這羣野鷄〕飛翔了一陣之後, 停落在樹上。〔孔子〕說:"山梁上的雌野鷄, 時運真好呀, 時運真好呀!"子路〔聽了這話〕向野鷄拱了拱手, 野鷄長叫了幾聲, 飛走了。

【注釋】

1 色斯舉矣:"色", 臉色。"舉", 鳥飛起來。這句話的文字可能有錯漏之處。按後面的文字來推測, 可能是說: 孔子在山谷中行走, 看見一羣山鷄在自由飛翔, 心有感觸, 神色動了一下。

2 雉 (zhì 至): 野鷄。

3 時哉: 猶言得其時, 時運好。孔子見野鷄能自由飛翔下落, 自己反沒有實現政治抱負的自由, 故有此歎。

4 共: 同"拱"。拱手, 抱拳致敬、致意。

5 三嗅:"嗅", 唐代石經《論語》作"戛 (jiá 頰)"。"戛", 是鳥的長叫聲。三嗅, 指野鷄長叫了幾聲。一說, "嗅", 當作"狊 (jù 巨)", 鳥類張開兩翅的樣子。 作: 飛起來。對這一章文字的理解詮釋, 歷來衆說紛紜。有的理解爲: 幾隻野鷄看到走過來的人臉色不善 (以爲要射獵牠), 而飛起來了; 飛翔了一陣, 而後集中落在樹上。孔子感慨地說:"山中的雌野鷄能遇險而飛, 識時務呀, 識時務呀!"子路聽了這話, 向野鷄拱了拱手表示敬意, 野鷄又受了驚, 拍打了幾下翅膀而飛走了。可參。

先進篇第十一

(共二十六章)

主要講孔子對弟子賢否的評論。

子曰:"先進于禮樂[1],野人也[2];後進于禮樂,君子也[3]。如用之,則吾從先進。"

【今譯】

孔子説:"先學習禮樂〔而後做官〕的人,是在野的人;〔先做官〕而後學習禮樂的人,是卿大夫的子弟。如果要選用人才,我將選用先學習禮樂的人。"

【注釋】

1 "先進"句:指先在學習禮樂方面有所進益,先掌握了禮樂方面的知識。"後進"反之。
2 野人:這裡指庶民,沒有爵祿的平民。與世襲貴族相對。
3 君子:這裡指有爵祿的貴族,世卿子弟。

子曰:"從我于陳、蔡者[1],皆不及門

也²。"

【今譯】

孔子說:"曾經隨從我在陳國、蔡國的弟子們,現在都不在我的門下了。"

【注釋】

1 "從我"句:公元前 489 年(魯哀公四年,當時孔子六十一歲),孔子周遊列國,率領弟子們從陳國去蔡國。途中,楚國派人來聘請孔子,孔子將往楚國拜禮。陳、蔡大夫怕與己不利,便派徒役在郊野圍困孔子。孔子和弟子們斷糧七天,許多人餓得不能行走。後由子貢去楚國告急,楚昭王派兵前來迎孔子,才獲解救。當時隨從孔子的弟子有子路、子貢、顏回等。公元前 484 年,孔子返回魯國後,子路、子貢等先後離開,有的做了官,有的回老家,顏回也病死了。孔子時常思念那些在艱危中跟隨他的弟子們。

2 不及門:"門",指學習、受教育的場所。"及",在,到。不及門,指到不了、不在他的門下受教育。一說,是"不及仕進(卿大夫)之門","孔子弟子無仕陳蔡者"。

德行¹:顏淵,閔子騫,冉伯牛,仲弓。言語²:宰我,子貢。政事³:冉有,季路。文學⁴:子游,子夏。

【今譯】

論德行,〔弟子中優秀的有:〕顏淵,閔子騫,冉伯牛,仲弓。論言語,〔弟子中擅長的有:〕宰我,子貢。論政事,〔弟子中能幹的有:〕冉有,季路。論文學,〔弟子中出色的有:〕子游,子夏。

【注釋】
1. 德行:指能實行忠恕仁愛孝悌的道德。
2. 言語:指長於應對辭令、辦理外交。
3. 政事:指管理國家,從事政務。
4. 文學:指通曉西周文獻典籍。

子曰:"回也非助我者也,于吾言無所不說[1]。"

【今譯】
孔子說:"顏回啊,不是能幫助我的人,〔他〕對我所說的話,沒有不心悅誠服的。"

【注釋】
1. 說:同"悅"。這裡是說顏淵對孔子的話從來不提出疑問或反駁。

子曰:"孝哉閔子騫[1]!人不間于其父母昆弟之言[2]。"

【今譯】
孔子說:"真孝順啊,閔子騫!人們聽了他的父母兄弟〔稱讚他孝〕的話,也找不出什麼可挑剔的地方。"

【注釋】

1 閔子騫：當時有名的孝子，被奉爲盡孝的典範。他的孝行事跡被後人編入《二十四孝》。參閱《雍也篇第六》第九章。
2 間：挑剔，找毛病。 昆：兄。

南容三復"白圭"[1]，孔子以其兄之子妻之[2]。

【今譯】

南容反復誦讀關於"白圭"的詩句，孔子便把哥哥的孩子嫁給了他。

【注釋】

1 南容：即南宫适。參閱《公冶長篇第五》第二章注。三復：多次重複。"三"是虛數，指在一日之内多次誦讀。
白圭：指《詩經·大雅·抑》篇。其中有云："白圭之玷，尚可磨也（白圭上的斑點污點，還可以磨掉）；斯言之玷，不可爲也（言語中的錯誤，不能收回不能挽救了）。"意思指：說話一定要小心謹慎。
2 妻：作動詞用。以女嫁人。

季康子問："弟子孰爲好學？"孔子對曰："有顏回者好學，不幸短命死矣，今也則亡[1]。"

【今譯】

季康子問:"〔你的〕弟子中誰是愛好學習的呢?"孔子回答:"有一個叫顏回的,很好學,但不幸短命死了,如今便沒有好學的了。"

【注釋】

1　亡:同"無"。本章文字與《雍也篇第六》第三章略同,可參閱。

顏淵死,顏路請子之車以爲之椁[1]。子曰:"才、不才,亦各言其子也。鯉也死[2],有棺而無椁。吾不徒行以爲之椁。以吾從大夫之後[3],不可徒行也。"

【今譯】

顏淵死了,顏路請求孔子賣了車給顏淵買個椁。孔子說:"〔雖然你的兒子顏淵和我的兒子孔鯉〕一個有才、一個無才,但對各人說來都是自己的兒子啊。孔鯉死了,只有棺而沒有椁。我不能〔賣掉車〕步行,來給他買椁。因爲我過去當過大夫,是不可以步行的。"

【注釋】

1　顏路:姓顏,名無繇(yóu由),字路。娶齊姜氏,生子顏回(顏淵)。顏路是孔子早年在故鄉闕里教學時所收的第一批弟子,比孔子小六歲。生於公元前 545 年,卒年不詳。 椁(guǒ 果):古代有地位的人,棺材有兩層:內層直接裝殮屍體,叫"棺",有底;外面還套着一層套棺,叫"椁",無底。合稱"棺椁"。

2 鯉:孔鯉,孔子的兒子。孔子十九歲,娶宋國人亓官氏,生子伯魚。生伯魚時,魯昭公以鯉魚賜孔子,因此給兒子起名叫孔鯉。孔鯉五十歲死,時孔子七十歲。

3 從大夫之後:跟從在大夫們的後面。是自己曾是大夫(孔子任魯國司寇,是主管治安與司法的行政長官)的謙虛的表達方法。按禮大夫出門要坐車,否則爲失禮。

顏淵死。子曰:"噫!天喪予[1]!天喪予!"

【今譯】

顏淵死了。孔子説:"咳呀!天要喪我的命呀!天要喪我的命呀!

【注釋】

1 天喪予:"喪",亡,使……滅亡。孔子這句話的意思是,顏淵一死,他宣揚的儒道就無人繼承,無人可傳了。

顏淵死,子哭之慟[1]。從者曰:"子慟矣!"曰:"有慟乎?非夫人之爲慟而誰爲[2]?"

【今譯】

顏淵死了，孔子哭得很哀痛。隨從的人說："夫子您太哀痛了！"孔子說："是太哀痛了嗎？不爲這樣的人哀痛還爲誰呢？"

【注釋】

1 慟（tòng痛）：極度哀痛，悲傷。
2 "非夫人"句：即"非爲夫人慟而爲誰"的倒裝。"夫"，指示代詞，代指死者顏淵。"之"是虛詞，在語法上只起到幫助倒裝的作用。

顏淵死，門人欲厚葬之，子曰："不可。"門人厚葬之。子曰："回也視予猶父也，予不得視猶子也¹。非我也，夫二三子也。"

【今譯】

顏淵死了，弟子們想隆重豐厚地安葬他。孔子說："不可以。"弟子們仍是隆重豐厚地安葬了顏淵。孔子說："顏回啊，看待我如同父親，我卻不能看待他如同兒子。不是我〔主張厚葬〕啊，是那些弟子們呀。"

【注釋】

1 "予不得"句：意謂我不能像對待親生兒子那樣按禮來安葬顏淵。孔子認爲辦理喪葬應"稱家之有亡（無）"，當時顏淵家貧,辦喪事鋪張奢侈,與禮不合;同時,按顏淵的身份與地位,也是不應該厚葬的。

> 季路問事鬼神[1]。子曰:"未能事人,焉能事鬼?"曰:"敢問死。"曰:"未知生,焉知死?"

【今譯】

子路問怎樣事奉鬼神。孔子說:"沒能把人事奉好,哪能談事奉鬼呢?"〔子路又〕說:"我大膽地請問,死是怎麼回事?"〔孔子〕說:"還不知道人生的道理,怎能知道死呢?"

【注釋】

1 季路:即子路。因仕於季氏,又稱季路。參閱《為政篇第二》第十七章注。

> 閔子侍側[1],誾誾如也[2];子路,行行如也[3];冉有、子貢,侃侃如也。子樂。"若由也[4],不得其死然[5]。"

【今譯】

閔子侍立在孔子身邊,表現出正直而恭順的樣子;子路,很剛強的樣子;冉有、子貢,和樂而理直氣壯的樣子。孔子很高興。〔但又擔心說:〕

"像仲由這樣〔過於勇猛剛強〕,恐怕得不到善終哩。"

【注釋】

1 閔子:即閔子騫。後人敬稱"子"。
2 誾誾(yín 銀):和悅而能中正直言。
3 行行(hàng 沆):形容性格剛強勇猛。
4 由:仲由,字子路。
5 "不得"句:指得不到善終,不能正常地因衰老而死。孔子慮子路過於剛勇,好鬥取禍而危及生命。後來,子路果猝死於衛國的孔悝(kuī 虧)之亂。"然",語氣詞。

> 魯人爲長府¹。閔子騫曰:"仍舊貫,如之何?何必改作?"子曰:"夫人不言²,言必有中³。"

【今譯】

魯國的執政者要改建國庫長府。閔子騫說:"仍舊沿襲老樣子,如何?何必改建呢?"孔子說:"這個人不說則已,一說就說得正確。"

【注釋】

1 魯人:指魯國的當權者季氏。 爲:製造。在這裡是改建、翻修的意思。 長府:魯國國庫名。一說宮室名。
2 夫人:這個人。指閔子騫。
3 中(zhòng 眾):這裡指說的話能正中要害,說到點子上。

子曰:"由之瑟奚爲于丘之門[1]!"門人不敬子路。子曰:"由也升堂矣,未入于室也[2]。"

【今譯】

孔子說:"仲由彈瑟爲什麽在我這裡彈呢?"弟子們〔因此〕不尊敬子路。孔子說:"仲由啊,在學習上已經達到'升堂'的程度了,但是還沒做到'入室'。"

【注釋】

1 "由之瑟"句:"瑟",古代一種撥絃樂,二十五絃(一說五十絃)。"爲",做,彈瑟。"丘之門",我(孔丘)這裡。據《說苑·修文篇》,孔子對子路彈瑟表示不滿,是因爲子路性情剛猛,中和不足,故彈出的音調過於激越,"有殺伐之聲"。

2 升堂、入室:"堂",正廳。"室",內室。從入門,到升堂,再到入室。孔子用此來比喻在學習上由淺入深的三個階段:從入門初步掌握;到高明一些,達到一定水平;再到精微深奧的高妙境地。

子貢問:"師與商也孰賢[1]?"子曰:"師也過,商也不及。"曰:"然則師愈與[2]?"子曰:"過猶不及[3]。"

【今譯】

子貢問:"顓孫師和卜商誰好一些?"孔子說:"師過分,商不够。"〔子貢〕說:"那麽是師〔比較〕好一些嗎?"孔子說:"做過分了和做得不够,是同樣的。"

【注釋】

1 師:即子張。才高意曠,做事常有過分之處。參閱《爲政篇第二》第十八章注。 商:即子夏。拘謹保守,做事常有不及之處。參閱《學而篇第一》第七章注。 孰:誰。

2 愈:勝過,更好些,強一些。 與:同"歟"。語氣助詞,表疑問。

3 猶:似,如,如同。

季氏富于周公¹,而求也爲之聚斂而附益之²。子曰:"非吾徒也,小子鳴鼓而攻之可也。"

【今譯】

季氏比周朝的公卿還富,而冉求還要爲季氏聚斂更增加他的財富。孔子說:"〔冉求〕不算是我的門徒了,你們敲着鼓去攻擊他好了。"

【注釋】

1 周公:周天子左右的公卿。如當時有周公黑肩、周公閱等人。魯國之君,本是周公旦的後代,故用此比喻。

2 "而求也"句:"求",冉求。"也",助詞,用於句中,表示停頓,以引起下文。"之",代指季氏。"聚斂(liǎn臉)",聚積,收集,搜刮錢財。"而附益之",而使季氏更增加了財富。魯國本按"丘"(古代田地、區域的劃分單位,四"邑"爲一"丘")徵收軍賦。公元前483年(魯哀公十二年),季康子改爲按每一戶的田畝數來徵收,這就大大增加了賦稅收入。冉求爲季氏家臣,曾參與其事。孔子主張"斂從其薄",是反對季氏、冉求這種過分剝削人民的做法的。

柴也愚¹,參也魯²,師也辟³,由也喭⁴。

【今譯】

高柴愚笨,曾參遲鈍,顓孫師偏激,仲由莽撞。

【注釋】

1 柴:姓高,名柴,字子羔。齊國人,身材很矮,爲人篤孝。孔子的弟子。比孔子小三十歲,生於公元前521年,卒年不詳。高柴老實,忠厚,正直,但明智變通不足,故孔子說他"愚"。

2 參也魯:"參",曾參。曾參誠懇,信實,學習扎實深入,但反應有些遲鈍,不夠聰敏,故孔子說他"魯"。

3 師也辟:"師",顓孫師。"辟",通"僻",邪僻,偏激。顓孫師志向高,好誇張,習於容儀,但誠實不足,故孔子說他"辟"。

4 由也喭："由"，仲由。"喭（yàn 燕）"，粗魯，莽撞。仲由勇猛剛烈，但失於粗俗而文雅不足，故孔子說他"喭"。

子曰："回也其庶乎¹，屢空²。賜不受命，而貨殖焉³，億則屢中⁴。"

【今譯】

孔子說："顏回嘛，差不多了吧，可是常常窮困。端木賜不接受命運安排，去做買賣，猜測〔市場行情〕卻常常能猜中。"

【注釋】

1 庶：庶幾，差不多。含有稱讚之意。這裡指顏回學問、道德都好。
2 空：指貧乏，困窮，窮得沒辦法。孔子曾說顏回："一簞食，一瓢飲，在陋巷，人不堪其憂，回也不改其樂。"（見《雍也篇第六》第十一章。）
3 貨殖：做買賣，經商。
4 億：同"臆"。估計，猜測。

子張問善人之道¹。子曰："不踐跡，亦不入于室²。"

【今譯】

子張請問做善人的道理。孔子說："如果不踩着前人的脚跡走，〔學問、修養〕也就不能'入室'。"

【注釋】

1 善人：孔子認爲，"善人"只是"質美（本質好）""欲仁"，所謂憑良心爲善。然而，這是不夠的。如果"善人"不循着前人（足可效法的先王聖賢）的腳步走，不通過學習去鍛煉修養自己，也就達不到"入室"的高標準。

2 入于室：參見本篇第十五章注。

子曰："論篤是與[1]，君子者乎？色莊者乎[2]？"

【今譯】

孔子説："〔人們〕贊許言論誠懇篤實的人，〔但要注意區分〕是君子呢？還是神色僞裝莊重的人呢？"

【注釋】

1 論篤是與：等於"與論篤"。"論篤"，言論誠懇篤實的人。"與"，贊許。"是"無實義，起幫助"論篤"這一賓語提前的語法作用。

2 色莊：神色莊重。這裡指做出一副莊重的樣子。

子路問："聞斯行諸[1]？"子曰："有父兄在，如之何其聞斯行之？"冉有問："聞斯行諸?"子曰:"聞斯行之。"公西華曰:"由也問'聞斯行諸',子曰'有父兄在';求也問'聞斯行諸'[2],子曰'聞斯行之'。赤也惑[3],敢問。"子曰:"求也退,故進之;由也兼人[4],故退之。"

【今譯】

子路問:"聽到了道理就馬上行動嗎?"孔子說:"有父兄在,如何能〔不請示父兄〕馬上行動呢?"冉有問:"聽到了道理就馬上行動嗎?"孔子說:"聽到了就馬上行動。"公西華〔問孔子〕說:"仲由問'聽到了就馬上行動嗎',您說'有父兄在';冉求問'聽到了就馬上行動嗎',您卻說'聽到了就馬上行動'。這使我迷惑,所以大膽地問問〔爲何回答不同〕。"孔子說:"冉求做事畏縮不前,所以要鼓勵他大膽前進一步;仲由一個人能頂兩個人,所以要抑制約束他慎重地退後一步。"

【注釋】

1 斯:代詞。這裡代指道理,義理,應該做的事。諸:"之乎"二字合音。
2 求:即冉有。名求,字子有,也稱冉有。
3 赤:即公西華。名赤,字子華,也稱公西華。
4 兼人:指剛勇,敢作敢爲,一個人能頂兩個人。

子畏于匡¹,顏淵後。子曰:"吾以女爲死矣。"曰:"子在,回何敢死!"

【今譯】

孔子在匡地受到圍困拘禁,顏淵〔失落,〕最後才逃出來。孔子〔驚喜地〕説:"我以爲你死了呢。"〔顏淵〕説:"夫子您還健在,我怎麼敢死呢?"

【注釋】

1 畏:畏懼,有戒心。指孔子在匡地被人誤以爲是陽虎而受到圍困。

季子然問¹:"仲由、冉求可謂大臣與?"子曰:"吾以子爲異之問²,曾由與求之問³。所謂大臣者,以道事君,不可則止。今由與求也,可謂具臣矣⁴。"曰:"然則從之者與?"子曰:"弑父與君,亦不從也。"

【今譯】

季子然問:"仲由、冉求可以説是大臣嗎?"孔子説:"我以爲您是問的别人,原來是問仲由和冉求啊。所謂大臣,是能够用正道事奉君主的,如果不能這樣,就寧可辭職不幹。現在仲由和冉求,只可以説是具備做大臣的才能。"〔季子然〕說:"那麽〔他們〕做什麽事都跟從〔季氏〕嗎?"孔子說:"殺父親、殺君主〔那種事〕,也是不會跟從的。"

【注釋】

1 季子然:姓季孫,名平子,字子然,乃季孫意如之子。魯國季氏的同族人。因爲季氏任用子路、冉有爲臣,所以,季子然向孔子提出了這一問題。

2 子:先生。尊稱對方。 爲異之問:問的別的人。"異",不同的,其他的。

3 曾:乃,原來是。

4 具臣:有做官的才能。"具",才具,才能。

子路使子羔爲費宰¹。子曰:"賊夫人之子²。"子路曰:"有民人焉,有社稷焉³,何必讀書然後爲學?"子曰:"是故惡夫佞者⁴。"

【今譯】

子路讓子羔去費地任行政長官。孔子說:"這是害了人家的孩子。"子路說:"那地方有人民,有社稷,何必非讀書才算是學習呢?"孔子說:"所以我討厭巧言狡辯的人。"

【注釋】

1 子羔：高柴，字子羔。孔子弟子。比孔子小三十歲。
2 賊：害，毀壞，坑害。孔子認爲子羔年輕，學業未成，讓他從政，無異於害他。
3 社稷："社"，土地神。"稷（jì記）"，穀神。古代說"社稷"，指祭祀土地神和穀神。後來又把"社稷"作爲國家政權的象徵。
4 惡（wù務）：討厭。 佞（ning濘）：巧言，諂媚。

　　子路、曾皙、冉有、公西華侍坐[1]。子曰："以吾一日長乎爾，毋吾以也[2]。居則曰[3]：'不吾知也！'如或知爾，則何以哉？"子路率爾而對曰[4]："千乘之國[5]，攝乎大國之間[6]，加之以師旅[7]，因之以饑饉[8]，由也爲之，比及三年[9]，可使有勇，且知方也[10]。"夫子哂之[11]。"求！爾何如？"對曰："方六七十，如五六十，求也爲之，比及三年，可使足民。如其禮樂，以俟君子[12]。""赤[13]，爾何如？"對曰："非曰能之，願學焉。宗廟之事，如會同[14]，端章甫[15]，願爲小相焉[16]。""點，爾何如？"鼓瑟希[17]，鏗爾[18]，舍瑟而作[19]，對曰："異乎三子者之撰[20]。"子曰："何傷乎[21]？亦各言其志也。"曰："莫春者[22]，春服既成[23]，冠者五六人[24]，童子六七人，浴乎沂[25]，風

195

乎舞雩[26]，咏而歸。"夫子喟然歎曰："吾與點也！"三子者出，曾皙後。曾皙曰："夫三子者之言何如？"子曰："亦各言其志也已矣。"曰："夫子何哂由也？"曰："爲國以禮，其言不讓，是故哂之。""唯求則非邦也與[27]？""安見方六七十如五六十而非邦也者？""唯赤則非邦也與？""宗廟會同，非諸侯而何，赤也爲之小，孰能爲之大？"

【今譯】

子路、曾皙、冉有、公西華，陪奉孔子閒坐着。孔子說："因我比你們年長一些，不要因爲我而拘束。〔你們〕平時常說：'人家不瞭解我啊！'假如有人瞭解你們〔要任用你們〕，那麼〔你們〕打算怎樣做呢？"子路輕率直爽急忙回答說："一個擁有一千輛兵車的國家，夾在大國之間，受別國軍隊的侵犯，又遇上凶年饑荒，讓我去治理，只要三年，就可以使人民勇敢，而且知道遵守禮義。"孔子微笑了一下。〔孔子又問：〕"冉求，你如何呢？"〔冉求〕回答說："一個縱橫六七十里，或者五六十里的小國，讓我去治理，只要三年，就可以使人民富足。至於禮樂教化方面，那要等待君子去實行了。"〔孔子又問：〕"公西赤，你如何呢?"〔公西赤〕回答説:"不敢説我能够做到些什麼,而是很願意學習啊。在宗廟祭祀的事務上,或者與別的國家的盟會中,我穿上禮服,戴上禮帽,願意做一個小小的贊禮人。"〔孔子又問:〕"曾點,你如何呢?"〔曾點正在〕彈瑟,聲音稀疏,鏗的一聲停了,放下瑟,站起身來。回答説:"〔我的志向〕不同於他們三位的陳述。"孔子説:"那又有什麼妨礙呢?也就是各人談談自己的志向啊!"〔曾點〕説:"暮春時節,春天的夾服已經穿定了,和成年人五六人,少年六七人,去沂河洗洗澡,到舞雩台上吹吹風,唱着歌一路走回來。"孔子長歎了一聲,説:"我是贊成曾點的。"三人出去了,曾晳最後走。曾晳〔問孔子〕説:"這三位説的話如何呢?"孔子説:"也就是各人談談自己的志向罷了。"〔曾晳〕説:"夫子爲何笑仲由呢?"〔孔子〕説:"治理國家要講禮讓,他説話卻不謙讓,所以笑他。"〔曾晳又問:〕"難道冉求所講的不是邦國之事嗎?"〔孔子説:〕"哪裡見得縱橫六七十里或者五六十里的地方就不是國家呢?"〔曾晳又問:〕"難道公西赤所講的不是邦國之事嗎?"〔孔子説:〕"有宗廟、有同別國的盟會,那不是諸侯國又是什麼呢?如果公西赤只能做一個小相,誰還能做大相呢?"

【注釋】

1 曾晳(xī西):姓曾,名點,字子晳。曾參的父親。

南武城人。也是孔子的弟子。

2 毋吾以:不要因我而受拘束,而停止說話,不肯發言。"毋",不,不要。"以",同"已"。停止。

3 居:平時,平素。

4 率爾:輕率地,急忙地。

5 千乘之國:"乘(shèng 勝)",兵車。古代常以兵車數作為國家大小的標誌。古代是按土地多少出兵車的,出一千輛兵車就是擁有縱橫一百里面積的諸侯國。

6 攝:夾在其中,受侷促,受逼迫,受管束。

7 師旅:古代軍隊組織,五人為伍,五伍為兩,四兩為卒(100人),五卒為旅(500人),五旅為師(2500人),五師為軍。"加之以師旅",猶言發生戰爭,受別國軍隊的侵犯。

8 饑饉(jīn 緊):荒年,災荒,凶年。《爾雅·釋天》:"穀不熟為饑,蔬不熟為饉。"

9 比及:等到,到了。

10 知方:指懂得道義,遵守禮義。

11 哂(shěn 審):微笑,譏笑。

12 俟(sì 四):等待。

13 赤:即公西華。參閱《公冶長第五》第八章注。

14 會同:諸侯會盟。兩諸侯相見,叫"會";許多諸侯一起相見,叫"同"。

15 端章甫:"端",也寫作"褍",周代的一種禮服,也叫"玄端"。"章甫",一種禮帽。這裡泛指穿着禮服。

16 相:在祭祀、會同時,行贊禮的人員。也叫儐相。有不同的職位等級,故文中有"小相""大相"之說。

17 希:通"稀"。稀疏(節奏速度放慢)。

18 鏗(kēng 坑)爾:鏗的一聲。形容樂聲有節奏而響亮。一說,曲終撥動瑟絃的餘音。

19 作:站起身來。

20　三子：三位。"子"是對同學的尊稱。　撰：同"譔"。陳述的事，說的話。

21　傷：妨害，妨礙。

22　莫：同"暮"。

23　春服：指春天穿的袷衣（裡表兩層）。　既：已經。成：定，穿得住了。

24　冠者：成年人。古代男子二十歲舉行冠禮，束髮加冠，表示已經成年。

25　沂（yí移）：水名。發源於山東省鄒城市東北，經曲阜市南及江蘇省北部，流入黃海。傳說當時該處有溫泉。

26　風：作動詞用，吹風，乘涼。　舞雩："雩（yú魚）"，古代求雨的祭壇。因人們乞雨必舞，故稱"舞雩"。這裡指魯國祭天求雨的台子，在今曲阜市南，有壇有樹。北魏酈道元《水經注》稱："沂水北對稷門，一名高門，一名雩門。南隔水有雩壇，壇高三丈，即曾點所欲風處也。"

27　唯：語首助詞，無實際意義。

顏淵篇第十二

（共二十四章）

主要講孔子教育弟子如何爲仁、爲政、處世。

顏淵問仁[1]。子曰："克己復禮爲仁[2]，一日克己復禮，天下歸仁焉[3]。爲仁由己，而由人乎哉？"顏淵曰："請問其目[4]。"子曰："非禮勿視，非禮勿聽，非禮勿言，非禮勿動。"顏淵曰："回雖不敏，請事斯語矣[5]。"

【今譯】

顏淵問〔怎樣是〕仁。孔子説："克制自己，使言行回復和符合於'禮'，就是仁。有一天做到了克制自己，符合於禮，天下就都贊許你是仁人了。實行仁，在於自己，難道還在於別人嗎？"顏淵説："請問實行仁的綱領條目。"孔子説："不符合禮的不看，不符合禮的不聽，不符合禮的不説，不符合禮的不做。"顏淵説："我雖然不聰敏，請讓我按照您的話去做吧。"

【注釋】

1 仁:儒家學說中含義非常廣泛的一種道德觀念。包括了恭,寬,信,敏,惠,智,勇,忠,恕,孝,悌等內容,而核心是指人與人的相親相愛。"己所不欲,勿施于人","己欲立而立人,己欲達而達人"則是實行"仁"的主要方法。

2 克己復禮:"克",克制,約束,抑制。"己",自己。這裡指一己的私慾。"復",回復。"禮",人類社會行為的法則、標準、儀式的總稱。包括了社會生活中由於風俗習慣而長期形成、又為大家所共同遵守的一整套的禮節儀式;人們相互之間表示尊敬謙讓的言語或動作;也包括社會上通行的法紀、道德和禮貌。據《左傳·昭公十二年》記載:"仲尼曰:'古也有志:克己復禮,仁也。'"可見"克己復禮"是孔子以前就有的古語,儒家用之作為一種自我修養的方法。

3 歸仁:朱熹說:"歸,猶與也。""一日克己復禮,則天下之人皆與其仁,極言其效之甚速而至大也。""與",贊許,稱讚。一說,"歸",歸順。這兩句的意思就是:"有一天做到了克制自己,符合於禮,天下就歸順於仁人了。"

4 目:綱目,條目,具體要點。

5 事:從事,實行,實踐。

仲弓問仁¹。子曰:"出門如見大賓,使民如承大祭。己所不欲,勿施于人。在邦無怨,在家無怨。"仲弓曰:"雍雖不敏,請事斯語矣。"

【今譯】

仲弓問〔怎樣是〕仁。孔子說:"出門〔工

作、辦事〕如同去接待貴賓,使用差遣人民如同去承當重大的祭祀。自己不願意承受的,不要加給別人。爲國家辦事沒有怨恨,處理家事沒有怨恨。"仲弓說:"我雖然不聰敏,請讓我按照您的話去做吧。"

【注釋】

1 仲弓:冉雍,字仲弓。參閱《公冶長第五》第五章注。

司馬牛問仁[1]。子曰:"仁者,其言也訒[2]。"曰:"其言也訒,斯謂之仁已乎?"子曰:"爲之難,言之得無訒乎?"

【今譯】

司馬牛問〔怎樣是〕仁。孔子說:"仁人,說話慎重。"〔司馬牛〕說:"說話慎重,就稱作仁嗎?"孔子說:"〔凡事〕做起來都是困難的,說話能不慎重嗎?"

【注釋】

1 司馬牛:孔子的弟子。姓司馬,名耕,一名犁,字子牛。宋國人。相傳是宋國大夫桓魋(tuí 頹)的弟弟。

2 訒(rèn 認):言語遲鈍,話難說出口,言若有忍而不易發。引申爲說話十分慎重,不輕易開口。《史記·仲尼弟子列傳》說司馬牛"多言而躁"(饒舌話多,個性急躁),由此可見,孔子這一段話是針對司馬牛"多言而躁"的毛病所提出的告誡。

> 司馬牛問君子。子曰:"君子不憂不懼。"曰:"不憂不懼,斯謂之君子已乎?"子曰:"內省不疚[1],夫何憂何懼?"

【今譯】

司馬牛問〔怎樣是〕君子。孔子說:"君子不憂愁,不畏懼。"〔司馬牛〕說:"不憂愁不畏懼,就稱爲君子了嗎?"孔子說:"自己反省檢查,問心無愧,那還憂愁什麼畏懼什麼?"

【注釋】

1 省(xǐng 醒):檢查,反省,檢討。 疚(jiù 舊):對於自己的錯誤感到內心慚愧,痛苦不安。

> 司馬牛憂曰:"人皆有兄弟,我獨亡[1]。"子夏曰:"商聞之矣:'死生有命,富貴在天。'君子敬而無失,與人恭而有禮,四海之內,皆兄弟也。君子何患乎無兄弟也?"

【今譯】

司馬牛憂愁地說:"人家都有兄弟,唯獨我沒有。"子夏説:"我聽説過:'死生命中注定,富貴由天安排。'君子〔只要〕認真謹慎没有過失,對人恭敬而有禮貌,天下的人都是兄弟呀。君子何必憂慮没有兄弟呢?"

【注釋】

1 我獨亡:"亡",同"無"。關於司馬牛没有兄弟的感歎,傳統的説法是:司馬牛之兄桓魋,與有巢、子頎、子車等在宋國作亂,失敗後逃奔衛、齊、吴、魯。司馬牛雖始終未參與其兄的作亂,不贊成這種行爲,但也被迫逃亡到魯國。因此,司馬牛有兄弟等於無兄弟,故發出這樣的憂歎(事見《左傳·哀公十四年》)。

子張問明。子曰:"浸潤之譖[1],膚受之愬[2],不行焉[3],可謂明也已矣。浸潤之譖,膚受之愬,不行焉,可謂遠也已矣[4]。"

【今譯】

子張問〔怎樣是〕"明"。孔子説:"像水浸潤般的讒言,像皮膚受痛般的誣告,對你行不通,就可以説是看得明白了。像水浸潤般的讒言,像皮膚受痛般的誣告,對你行不通,就可以説是看得遠了。"

【注釋】

1 浸潤之譖："浸（jìn進）潤"，水（液體）一點一滴逐漸濕潤滲透進去。"譖（zèn怎去聲）"，讒言，說人的壞話。浸潤之譖，是說點滴而來、日積月累、好像水浸潤般的誣陷中傷。

2 膚受之愬："膚受"，皮膚上感受到。"愬"，與譖義近，誹謗。《正義》說："愬亦譖也，變其文耳。"膚受之愬，是說好像皮膚上感覺到疼痛般急迫切身的誹謗誣告。

3 不行：行不通。這裡指不爲那些暗裡明裡挑撥誣陷的話所迷惑，不聽信讒言。

4 遠：古語說："遠則明之至也。"《尚書·太甲中》說："視遠惟明，聽德惟聰。"可見"遠"及上句中的"明"均指看得明白，看得深遠、透徹，而"遠"比"明"要更進一步。

子貢問政。子曰："足食，足兵¹，民信之矣。"子貢曰："必不得已而去，于斯三者何先？"曰："去兵。"子貢曰："必不得已而去，于斯二者何先？"曰："去食。自古皆有死，民無信不立。"

【今譯】

子貢問怎樣治理國家。孔子說："有充足的糧食，有充足的軍備，人民信任政府啊。"子貢說："不得已一定要去掉一項，在這三項中哪一項先去掉呢？"〔孔子〕說："去掉軍備。"子貢說："不得已一定要再去掉一項，在〔剩下的〕這兩項中去掉哪一項呢？"〔孔子〕說："去掉糧食。自古以來人都是要死的,但如果人民對政府不信任,〔國家政權〕是立不住的。"

【注釋】

1 兵:兵器,武器。這裡指軍備。

　　棘子成曰¹:"君子質而已矣²,何以文爲³?"子貢曰:"惜乎,夫子之説君子也!駟不及舌⁴。文猶質也,質猶文也。虎豹之鞟猶犬羊之鞟⁵。"

【今譯】

棘子成説:"君子只要質樸就行了,爲何還要那些文采?"子貢説:"可惜呀,夫子您竟這樣評説君子。舌頭一動,話説出口,就是套上四匹馬拉的車,也追不回啊。文如同質,質如同文〔,兩者同樣重要〕。去掉毛的虎豹皮,與去掉毛的犬羊皮就很相似了。"

【注釋】

1 棘子成:衛國的大夫。
2 質:質樸,内在的思想品質、道德修養純樸。
3 文:花紋,文采。引申爲文辭、禮儀等方面的修養。
4 駟不及舌:"駟 (sì 四)",四匹馬拉的車。"舌",指説出來的話。話一説出口,是追不回來的。
5 鞟 (kuò 闊):同"鞹"。去掉了毛的獸皮。

哀公問于有若曰[1]："年饑，用不足，如之何？"有若對曰："盍徹乎[2]？"曰："二[3]，吾猶不足，如之何其徹也？"對曰："百姓足，君孰與不足？百姓不足，君孰與足？"

【今譯】

魯哀公問有若："年成不好有饑荒，〔國家財政〕用費不足，怎麽辦呢？"有若回答說："爲何不實行抽取十分之一的'徹'稅法呢？"〔哀公〕說："抽十分之二的田稅，我還不夠用，如何能實行'徹'稅法呢？"〔有若〕說："百姓富足了，國君怎麽會不足？百姓不富足，國君怎麽會足？"

【注釋】

1 哀公：魯國國君。參閱《爲政篇第二》第十九章注。
有若：姓有，名若，字子有。被後人尊稱"有子"。參閱《學而篇第一》第二章注。

2 盍（hé 河）：何不，爲什麽不。 徹：西周的一種田稅制度。就是國家從耕地的收穫中抽取十分之一作爲田稅。

3 二：指國家從耕地的收穫中抽取十分之二作爲田稅。魯國自宣公十五年（公元前594年）起，不再實行"徹"法，而是以"二"抽稅。

子張問崇德辨惑。子曰："主忠信，徙義¹，崇德也。愛之欲其生，惡之欲其死，既欲其生，又欲其死，是惑也。'誠不以富，亦只以異'²。"

【今譯】

子張問怎樣提高品德，辨別迷惑。孔子說："以忠誠信實爲主，努力做到義，就是提高品德。喜愛一個人就希望他永遠活着，厭惡起來又恨不得讓他馬上死去，既要他活，又要他死，這就是迷惑。〔《詩經》上說：〕'確實不是因爲富不富，而只是因爲見異思遷。'"

【注釋】

1 徙義：指向義遷移、靠攏，按照義去做。"徙（xǐ 洗）"，遷移。

2 "誠不"句：出自《詩經·小雅·我行其野》。意思是：（你這樣對待我）即使不是嫌貧愛富，也是喜新厭舊。孔子在此引這兩句詩的意思，現已很難推測。有人認爲這兩句詩本是其他篇章的文字，因竹簡編排的次序錯了而誤引在此處。可參。

齊景公問政于孔子¹，孔子對曰："君君，臣臣，父父，子子。"公曰："善哉！信如君不君，臣不臣，父不父，子不子，雖有粟，吾得而食諸？"

【今譯】

齊景公向孔子問如何治理國家，孔子回答說："君要像君的樣子，臣要像臣的樣子，父要像父的樣子，子要像子的樣子。"齊景公說："很好啊！果真是君不像君，臣不像臣，父不像父，子不像子，雖然有糧食，我能得到而享受嗎？"

【注釋】

1 齊景公：姓姜，名杵臼（chǔ jiù 楚舊）。齊莊公異母弟。公元前547—前490年在位。魯昭公末年，孔子到齊國時，齊大夫陳氏權勢日重，而齊景公愛奢侈，多內嬖，厚賦斂，施重刑，不立太子，不聽從晏嬰的勸諫，國內政治混亂。所以，當齊景公問政時，孔子作了以上的回答。景公雖然口頭上贊許同意孔子的意見，卻未能真正採納實行，爲君而不盡君道，後來齊國終於被陳氏篡奪。

子曰："片言可以折獄者[1]，其由也與！"子路無宿諾[2]。

【今譯】

孔子說："僅根據〔訴訟雙方之中〕一方的言辭，就可以斷案的，大概只有仲由吧！"子路沒有過夜而不兌現的諾言。

【注釋】

1 片言：指原告被告訴訟雙方中一方的片面言辭。"片"，單方面的。 折：斷，判斷，區別是非曲直。 獄：訟事，案件。

2 無宿諾：沒有過宿隔夜的諾言，沒有拖延而不實現的許諾。"宿"，隔夜。

子曰："聽訟[1]，吾猶人也，必也使無訟乎！"

【今譯】

孔子說："〔要論〕審理案件，我如同別人一樣，〔但我所不同的是〕必須使訴訟案件不發生啊！"

【注釋】

1 聽訟：處理訴訟。"聽"，判斷，審理，處理。

子張問政。子曰："居之無倦，行之以忠。"

【今譯】

子張問怎樣爲政。孔子說："堅守職位，不鬆懈倦怠，執行政令要忠實。"

子曰："博學于文，約之以禮，亦可

以弗畔矣夫[1]！"

【今譯】

孔子說："廣泛地多學文化典籍，用禮來約束自己，就可以不違背〔君子之道〕了吧！"

【注釋】

1 本章與《雍也篇第六》第二十七章文字略同，可參閱。

子曰："君子成人之美，不成人之惡。小人反是。"

【今譯】

孔子說："君子成全別人的好事，不幫別人做成壞事。小人與此相反。"

季康子問政于孔子。孔子對曰："政者，正也。子帥以正，孰敢不正？"

【今譯】

季康子向孔子問怎樣爲政。孔子回答說："政，就是正。您帶頭走正道，誰敢不走正道？"

季康子患盜，問于孔子。孔子對曰：

"苟子之不欲¹,雖賞之不竊。"

【今譯】

季康子擔憂盜賊多。向孔子詢問〔該怎麼辦〕。孔子回答說:"假如您不貪財利,就是獎勵盜竊,也沒有人去盜竊。"

【注釋】

1 苟(gǒu狗):假如,如果。

季康子問政于孔子曰:"如殺無道,以就有道,何如?"孔子對曰:"子爲政,焉用殺?子欲善而民善矣。君子之德風,小人之德草,草上之風¹,必偃²。"

【今譯】

季康子向孔子詢問如何爲政,說:"如果殺掉作惡的壞人,而去親近爲善的好人,如何呢?"孔子回答說:"您爲政,怎麼還用殺人呢?您要是想做好事,百姓也會做好事的。君子的品德就像是風,小人的品德就像是草,草上有風,草必然〔隨風〕倒下。"

【注釋】

1 草上之風:指草上有風,風吹到草上。

2 偃（yǎn眼）：仆倒，倒下。

子張問："士何如斯可謂之達矣¹？"子曰："何哉，爾所謂達者？"子張對曰："在邦必聞²，在家必聞。"子曰："是聞也，非達也。夫達也者，質直而好義，察言而觀色，慮以下人。在邦必達，在家必達。夫聞也者，色取仁而行違，居之不疑。在邦必聞，在家必聞。"

【今譯】

子張問："士，怎麼樣才叫做'達'？"孔子說："你所説的'達'指什麼？"子張回答説："在朝廷做官一定有名聲，爲大夫做家臣一定有名聲。"孔子説："這只是名聲，而不是'達'。所謂'達'的人，要質樸正直，好尚禮義，善於分析別人的言語，觀察別人的臉色，經常想着對人謙恭有禮貌。〔這樣的人〕在朝廷做官一定'達'，爲大夫做家臣一定'達'。至於有虛名的人，表面上好像主張仁德，行動上卻違反仁德，還以仁人自居而不懷疑。〔這樣的人〕在朝廷一定要〔騙取〕虛名，在大夫封地一定要〔騙取〕虛名。"

【注釋】

1 達：通達，顯達，處事通情達理，做官地位顯貴。

213

孔子認爲：達者必須質直好義，具有仁德與智慧，才能與官職地位名實相副。

2 聞：有名聲，名望。這裡指虛有其名，名實不副。"聞"與"達"相似，而本質不同。達重在誠，要務實，自修於內。聞旨在僞，外求虛名，欺世盜名。

> 樊遲從游于舞雩之下，曰："敢問崇德，修慝[1]，辨惑。"子曰："善哉問！先事後得，非崇德與？攻其惡，無攻人之惡，非修慝與？一朝之忿，忘其身，以及其親，非惑與？"

【今譯】

樊遲陪着〔孔子〕出遊於舞雩台下，說："我大膽地請問：怎樣提高品德？怎樣消除邪念？怎樣辨清迷惑？"孔子說："問得很好啊！首先努力去做該做的事，不計較後來得到的收穫，不就是提高品德麼？改掉自己的錯誤，不攻擊別人的錯誤，不就是消除邪念麼？忍不住一時的氣憤，而忘掉自身安危，甚至連累自己的父母親的人，不就是迷惑麼？"

【注釋】

1 修：整治，消除改正。 慝（tè 特）：邪惡的念頭。

> 樊遲問仁。子曰："愛人。"問知[1]。

子曰："知人。"樊遲未達²。子曰："舉直錯諸枉³，能使枉者直。"樊遲退，見子夏曰："鄉也⁴，吾見于夫子而問知，子曰：'舉直錯諸枉，能使枉者直。'何謂也？"子夏曰："富哉言乎！舜有天下，選于眾，舉皋陶⁵，不仁者遠矣⁶。湯有天下⁷，選于眾，舉伊尹⁸，不仁者遠矣。"

【今譯】

樊遲問什麼是仁。孔子說："愛人。"〔樊遲又〕問什麼是智。孔子說："知道識別人。"樊遲還不能透徹理解。孔子說："推舉選拔正直的人，安排的位置在邪惡的人之上，這樣就能使邪惡的人轉化爲正直。"樊遲〔從孔子那兒〕退出來，見到子夏，說："剛才我見到老師，問什麼是智，老師說：'選拔推舉正直的人，安排的位置在邪惡的人之上，這樣就能使邪惡的人轉化爲正直。'這話是什麼意思呀？"子夏說："這是〔意義〕豐富而深刻的話啊！舜有了天下，在眾人中選拔人才，推舉了皋陶，不仁的人就被疏遠了。湯有了天下，在眾人中選拔人才，推舉了伊尹，不仁的人就被疏遠了。"

【注釋】

1　知：通"智"。

2 未達：還沒明白，沒透徹理解。"仁"是"愛人"，不分親疏遠近都要愛；而"智"又要求知道瞭解人，善於識別人，辨明正、邪、賢、否、智、愚而區別對待；那麼，"仁"與"智"是否矛盾，要做到"智"是否會妨害"仁"？樊遲心裡含糊，弄不大通，故說"未達"。

3 錯諸枉：置於邪惡的人之上。參見《爲政篇第二》第十九章注。

4 鄉：通"向"。從前。此猶說"剛才"。

5 皋陶（gāo yáo 高搖）：傳說舜時大臣，任"士師"，掌管刑法。

6 遠：疏遠，遠離。

7 湯：商朝開國君主，名履，滅夏桀而得天下。

8 伊尹：名摯，湯任他爲"阿衡"（即宰相），曾輔助湯滅夏興商。

子貢問友。子曰："忠告而善道之[1]，不可則止，毋自辱焉[2]。"

【今譯】

子貢問怎樣對待朋友。孔子說："要忠誠地勸告他，委婉恰當地開導他，他還不聽從，就停止算了，不要自受侮辱。"

【注釋】

1 道：同"導"。引導，誘導。
2 毋（wú 吳）：勿，不要。

曾子曰："君子以文會友，以友輔仁。"

【今譯】

曾子說："君子以講習詩書禮樂文章學問來聚會結交朋友，依靠朋友互相幫助來培養仁德。"

子路篇第十三

(共三十章)

主要講孔子教育弟子怎樣做人，怎樣爲政。

子路問政。子曰："先之[1]，勞之[2]。"請益。曰："無倦。"

【今譯】

子路問怎樣爲政。孔子說："先要領頭去幹，帶動老百姓都勤勞地幹。"〔子路〕請求多講一點。〔孔子〕說："永遠不要鬆懈怠惰。"

【注釋】

1 先之：指爲政者身體力行，凡事率先垂範，以身作則。"之"，代詞，指百姓。
2 勞之：這裡指爲政者親身去幹，以自身的"先勞"，帶動老百姓都勤勞地幹，雖勤而無怨。

仲弓爲季氏宰，問政。子曰："先有司，赦小過，舉賢才。"曰："焉知賢才而舉之？"子曰："舉爾所知；爾所不知，人其捨諸[1]？"

【今譯】

仲弓擔任季氏的私邑總管，問怎樣爲政。孔子說："〔凡事〕要帶頭，引導手下管事的衆官吏去做，寬赦他們的小錯誤，推舉賢良的人才。"〔仲弓〕說："怎麼能知道誰是賢才而選拔他們呢？"孔子說："選拔你所知道的；你所不知道的，別人難道能不推舉他嗎？"

【注釋】

1 舍：捨棄，放棄。這裡指不推舉。 諸："之乎"二字合音。

子路曰："衛君待子而爲政¹，子將奚先²？"子曰："必也正名乎³！"子路曰："有是哉，子之迂也⁴，奚其正？"子曰："野哉，由也！君子于其所不知，蓋闕如也⁵。名不正則言不順，言不順則事不成，事不成則禮樂不興，禮樂不興則刑罰不中⁶，刑罰不中則民無所錯手足⁷。故君子名之必可言也，言之必可行也。君子于其言，無所苟而已矣⁸。"

【今譯】

子路〔對孔子〕說:"〔假如〕衛國國君等待您去治理國家,您將要先做什麼事呢?"孔子說:"必須先正名分吧。"子路說:"有這樣做的嗎?您太迂了,為什麼要正名分呢?"孔子說:"真粗野魯莽啊,仲由!君子對自己所不知道的事情,大概總得抱着存疑的態度吧。〔如果〕名分不正,言語就不順;言語不順,事情就辦不成;事情辦不成,國家的禮樂制度就不能興建起來;禮樂制度興建不起來,刑罰的執行就不會恰當;刑罰執行不恰當,人民就手足失措。所以,君子確定名分必須可以說得清楚有理,說了也一定可以行得通。君子對自己所說的話,只是不草率馬虎罷了。"

【注釋】

1 衛君:衛出公蒯輒。他與父親爭位,引起國內混亂。所以孔子主張,要治理衛國,必先"正名",以明確"君君臣臣父父子子"的關係。參閱《述而篇第七》第十五章注。

2 奚:何,什麼。

3 正名:糾正禮制名分上的用詞不當,正確地確定某個人的名分。"正",糾正,改正。"名",名分,禮制上的人的名義、身份、地位、等級等。

4 迂(yū淤):迂腐;拘泥守舊,不切實際。

5 闕如:存疑;對還沒搞清楚的疑難問題暫時擱置,不下判斷;對缺乏確鑿根據的事,不武斷,不妄說。"闕",同"缺"。

6 中(zhòng衆):得當,恰當,適合。

7 錯:同"措"。放置,安排,處置。

8 苟(gǒu狗):苟且,隨便,馬虎。

樊遲請學稼[1]。子曰："吾不如老農。"請學爲圃[2]。曰："吾不如老圃。"樊遲出。子曰："小人哉，樊須也！上好禮，則民莫敢不敬；上好義，則民莫敢不服；上好信，則民莫敢不用情。夫如是，則四方之民襁負其子而至矣[3]，焉用稼！"

【今譯】

樊遲請教學習種莊稼。孔子說："我不如老農夫。"〔樊遲〕請教學習種菜。〔孔子〕說："我不如老菜農。"樊遲出去了。孔子說："真是小人呀，樊須。上邊重視禮，百姓就不敢不尊敬；上邊重視義，百姓就不敢不服從；上邊重視信，百姓就不敢不說出真情實況。假如做到這樣，四方的百姓就會揹着小孩前來投奔，〔從政者〕哪裡用得上自己去種莊稼呢？"

【注釋】

1 樊遲：姓樊，名須，字子遲。參閱《爲政篇第二》第五章注。
2 圃（pǔ普）：菜地，菜園。引申爲種菜。
3 襁（qiǎng搶）：揹嬰兒的揹帶、布兜。

子曰："誦《詩》三百，授之以政，

不達¹；使于四方，不能專對²，雖多，亦奚以爲³?"

【今譯】

孔子説："熟讀《詩經》三百篇，派他從政做官，卻不會處理政務；派他當外交使節，卻不能獨立地辦理處事交涉，讀得雖然很多，又有什麽用呢？"

【注釋】

1 達：通達，通曉；會處理，會運用。
2 專對：即根據外交的具體情況，隨機應變，獨立行事，回答問題，辦理交涉。外交使臣在處理對外交涉的事務時，因不可能時時事事都向本國朝廷請求指示，所以必須有"專對"的能力。又，當時在外交上往往以背誦《詩經》章句來委婉地進行提問和回答，故"誦詩三百"是外交人才的必備條件。
3 以：用。　爲：句末語助詞，表示感慨或疑問。

子曰："其身正，不令而行；其身不正，雖令不從。"

【今譯】

孔子説："本身品行端正，就是不發命令，人民也會照着去做；本身品行不正，即使發佈命令，人民也不會聽從。"

子曰:"魯衛之政¹,兄弟也。"

【今譯】

孔子說:"魯國、衛國的政治,像兄弟一般。"

【注釋】

1 魯衛之政:魯國是周公(姬旦)的封地,衛國是周公的弟弟康叔的封地。魯、衛本兄弟之國,後來衰亂又相似,孔子遂有這樣的感歎。

子謂衛公子荊善居室¹。始有,曰:"苟合矣²。"少有,曰:"苟完矣。"富有,曰:"苟美矣。"

【今譯】

孔子說衛國的公子荊,善於管理家業。開始有些財產時,〔公子荊〕說:"差不多合於我的要求了。"再增加一些財產時,〔他〕說:"差不多完備了。"到財產富足時,說:"差不多是非常美好了。"

【注釋】

1 公子荊:衛國的大夫,字南楚。是衛獻公的兒子,故稱公子荊。傳說他十五歲就代理宰相,處理國事。對自己的家業和生活享受,能隨時知足,不奢侈。吳國的公子季札,曾把公子荆列爲衛國的君子(見《左傳·襄公二十九年》)。 善居室:善於管理家業、管理財務經濟,會過日子。

2 苟:差不多,也算是。

> 子適衛¹,冉有僕²。子曰:"庶矣哉³!"冉有曰:"既庶矣,又何加焉⁴?"曰:"富之。"曰:"既富矣,又何加焉?"曰:"教之⁵。"

【今譯】

孔子到衛國去,冉有駕車。孔子説:"〔這兒〕人真多啊!"冉有説:"人已經多了,又該怎麼辦呢?"〔孔子〕説:"讓他們富裕起來。"〔冉有〕説:"已經富裕了,又該怎麼辦呢?"〔孔子〕説:"教育他們。"

【注釋】

1 適:往,到,去。
2 僕:駕車。
3 庶(shù樹):衆多。這裡指衛國人口衆多。
4 何加:即"加何"。增加什麼,進一步幹什麼、辦什麼。
5 教:教育,教化。孔子主張"先富而後教"。

> 子曰:"苟有用我者¹,期月而已可

也², 三年有成。"

【今譯】

孔子説:"如果有人用我〔治理國家〕,一周年就可以〔初具規模,有可觀之處〕,三年〔功業〕會大有成效。"

【注釋】

1　苟:如果,假如。
2　期月:周一年十二個月,即一周年。"期(jī基)",周。

> 子曰:"'善人爲邦百年,亦可以勝殘去殺矣。'誠哉是言也¹!"

【今譯】

孔子説:"'善人治理國家一百年,也就可以克服殘暴、免去刑殺了。'真對啊,這話!"

【注釋】

1　是:代詞。這,此。

> 子曰:"如有王者¹,必世而後仁²。"

【今譯】

孔子説:"如果有王者興起,必須三十年以後才能實施仁政。"

【注釋】

1 王者:能治國安邦、以德行仁的賢明君王。
2 世:三十年是一世。

子曰:"苟正其身矣,于從政乎何有?不能正其身,如正人何?"

【今譯】

孔子説:"如果端正了自身〔品行〕,從事政治還有什麽〔困難〕呢?自身不能端正,怎樣使別人端正呢?"

冉子退朝[1]。子曰:"何晏也[2]?"對曰:"有政。"子曰:"其事也。如有政,雖不吾以[3],吾其與聞之。"

【今譯】

冉求〔從季氏官府〕辦完公事回來。孔子説:"爲何回來晚了?"〔冉求〕回答説:"有政務。"孔子説:"是〔季氏私家〕一般的事務吧。如果有〔國家〕政務,雖然〔國君〕不任用我了,我也會有所聞的。"

【注釋】

1 冉子：冉求。曾任季氏宰（家臣）。參閱《八佾篇第三》第六章注。
2 晏（yàn硯）：晚，遲。
3 吾以：用我。"以"，用。

　　定公問："一言而可以興邦，有諸¹？"孔子對曰："言不可以若是，其幾也²，人之言曰：'爲君難，爲臣不易。'如知爲君之難也，不幾乎一言而興邦乎？"曰："一言而喪邦，有諸？"孔子對曰："言不可以若是，其幾也，人之言曰：'予無樂乎爲君，唯其言而莫予違也。'如其善而莫之違也，不亦善乎？如不善而莫之違也，不幾乎一言而喪邦乎？"

【今譯】

　　魯定公問："一句話就可以使國家興盛，有這樣的話嗎？"孔子回答說："話不可以講得像這樣肯定，但有與這接近的，有人說：'做君主難，做臣也不容易。'如果知道做君主難，這豈不接近於'一句話就可以使國家興盛'嗎？"〔魯定公〕說："一句話就可以使國家喪失，有這樣的話嗎？"孔子回答說："話不可以講得像這樣肯定，但有與這接近的,有人説:'我做君主並没有什麽可高興的,只是〔高興〕我説的話没有人違抗。'如果君主説的話正確,而没有人違抗,不也是很好嗎?如果説的話不正確,而没有人違抗,這豈不接近於'一句話就可以使國家喪失'嗎?"

【注釋】

1 諸:"之乎"二字的合音。
2 幾(jī基):將近,接近。

　　葉公問政¹。子曰:"近者説,遠者來。"

【今譯】

　　葉公問怎樣爲政。孔子説:"使近處的人民感到喜悦,遠處的人民來投奔歸附。"

【注釋】

1 葉公:姓沈,名諸梁,楚國大夫。參閱《述而篇第七》第十九章注。

　　子夏爲莒父宰¹,問政。子曰:"無欲速,無見小利。欲速則不達,見小利則大事不成。"

【今譯】

子夏到莒父當地方長官,問怎樣爲政。孔子説:"不要求速成,不要貪圖小利。想求速成,反而達不到目的;貪圖小利,就做不成大事。"

【注釋】

1 莒父(jǔ fǔ 舉甫):魯國城邑名,在今山東省莒縣境内。一説,在高密縣東南。

葉公語孔子曰:"吾黨有直躬者[1],其父攘羊而子證之[2]。"孔子曰:"吾黨之直者異于是,父爲子隱[3],子爲父隱,直在其中矣。"

【今譯】

葉公對孔子説:"我的家鄉有個正直的人,他的父親偷了羊,他便去告發。"孔子説:"我們家鄉的正直的人和你所講的不一樣:父親爲兒子隱瞞,兒子爲父親隱瞞,正直的品德就在其中了。"

【注釋】

1 直躬者:猶言正直、坦率的人。"躬",身。
2 攘(rǎng嚷):偷,竊,搶。 證:檢舉,告發。
3 父爲子隱:"隱",隱瞞,隱諱。儒家提倡父慈子孝,即使對方有錯,也要在外人面前爲之隱瞞。這反映了儒家思想的局限性。

樊遲問仁。子曰:"居處恭,執事敬,與人忠。雖之夷狄¹,不可棄也。"

【今譯】

樊遲問怎樣是仁。孔子說:"在家能恭敬規矩,辦事能認真謹慎,對人能忠實誠懇。雖然到了夷狄,〔這三種德行〕也是不可放棄的。"

【注釋】

1 之:動詞。到,去,往。

子貢問曰:"何如斯可謂之士矣?"子曰:"行己有恥,使于四方,不辱君命,可謂士矣。"曰:"敢問其次?"曰:"宗族稱孝焉,鄉黨稱弟焉¹。"曰:"敢問其次?"曰:"言必信,行必果。硜硜然小人哉²,抑亦可以爲次矣。"曰:"今之從政者何如?"子曰:"噫!斗筲之人³,何足算也!"

【今譯】

子貢問:"如何才配稱爲'士'?"孔子說:"對自己的行爲能保持羞恥之心;出使到其他國

家，能不辜負君主委托的使命，這樣的人可配稱爲'士'了。"〔子貢〕說："我冒昧地問，次一等的呢？"〔孔子〕說："宗族裡的人稱讚他孝順父母，鄉裡的人稱讚他敬愛兄長。"〔子貢〕說："我冒昧地問，再次一等的呢？"〔孔子〕說："說話一定守信用，行動一定堅決果斷。〔雖然這樣做〕是淺薄固執的小人，不過也可以作爲次一等的了。"〔子貢〕說："如今從政的人如何呢？"孔子說："咳！這些器量小的卑賤的人，算得了什麼！"

【注釋】

1　弟：同"悌"。敬愛兄長。

2　硜硜然："硜（kēng坑）"，通"磚"，小石堅確貌。形容淺薄固執。孔子認爲如果不問是非曲直，在大事上糊塗，只管自己的言行"必信""必果"，必然會陷於淺薄固執。《孟子·離婁下》說："大人者，言不必信，行不必果，惟義所在。"意思是：真正有德行的人，說話不一定句句守信，行爲不一定貫徹始終，只要合乎道義，按道義行事便成。這話可作爲《論語》本章的補充。

3　斗筲："筲（shāo燒）"，盛飯用的小竹器，飯筐。斗、筲容量都不大（一斗只容十升；一筲只容五升，一說容一斗二升），引申來形容人的見識短淺，器量狹小。

> 子曰："不得中行而與之¹，必也狂狷乎²！狂者進取，狷者有所不爲也。"

【今譯】

孔子説："找不到言行合於中庸之道的人與他交往，那一定是要同狂者和狷者交往了。狂者有進取心，敢作敢爲；狷者拘謹，潔身自好，絶不肯做壞事。"

【注釋】

1 中行：合乎中庸之道的言行。 與：相與，交往，來往；向他傳道，同他共事。

2 狂：指志意高遠，縱情任性，驕傲自大，但勇往直前，敢作敢爲，有進取精神。 狷(juàn倦)：指爲人耿直拘謹，潔身自好，安份守己，不求有所作爲亦絶不肯同流合污。

子曰："南人有言曰：'人而無恆，不可以作巫醫[1]。'善夫！'不恆其德，或承之羞[2]。'"子曰："不占而已矣[3]。"

【今譯】

孔子説："南方人有句話説：'人如果没有恆心，不可以當巫醫。'〔這話〕真好啊！〔《易經》上也説：〕'如果不能永恆地保持自己的德行，免不了要承受羞辱。'"孔子〔又〕説："〔這就是叫没有恆心的人〕不用占卦罷了。"

【注釋】

1 巫醫："巫"，巫師，能降神占卜的人。"醫"，醫師。古代巫、醫往往合於一身，巫師亦往往掌握一定的醫術，或以禳禱之術替人療疾。朱熹說:"巫,所以交鬼神;醫,所以寄死生。故雖賤役,而猶不可以無常。"

2 "不恆"二句:見《易經・恆卦・九三爻辭》。意爲:做人如果不能永恆地保持自己的德行(三心二意,沒有操守),免不了要承受招來的羞辱。

3 占:占卜,算卦。孔子這句話的言下之意或爲:沒有恆心的人一定遇凶,用不着再去占卜了。

子曰:"君子和而不同[1],小人同而不和。"

【今譯】

孔子說:"君子,講求和諧而不盲從附和;小人,同流合污而不能和諧。"

【注釋】

1 和,同:這是春秋時代常用的兩個概念。"和",和諧,調和,互相協調。指不同性質的各種因素的和諧統一。如五味的調和,八音的合譜。君子尙義,無乖戾之心,能和諧共處,但不盲從附和,能用自己的正確意見來糾正別人的錯誤意見,故說"和而不同"。"同",相同,同類,同一。小人尙利,在利益一致時,互相阿比,同流合污,能夠"同";然一旦利益發生衝突,則不能和諧相處,更不能用道義來協調人情世故。故說"同而不和"。

子貢問曰:"鄉人皆好之[1],何如?"
子曰:"未可也。""鄉人皆惡之[2],何如?"

子曰："未可也。不如鄉人之善者好之,其不善者惡之。"

【今譯】

子貢問:"全鄉都喜歡的人,如何呢?"孔子說:"未必可以。"〔子貢又問:〕"全鄉都憎惡的人,如何呢?"孔子說:"未必可以。不如是全鄉中的好人都喜歡他,壞人都討厭他。"

【注釋】

1 好(hào 號):喜愛,稱道,讚揚。
2 惡(wù 務):憎恨,討厭。

子曰："君子易事而難說也¹。說之不以道,不說也。及其使人也,器之。小人難事而易說也。說之雖不以道,說也。及其使人也,求備焉。"

【今譯】

孔子說:"給君子做事容易,卻難以討他的喜歡。不以正道去討他的喜歡,他是不喜歡的。而到他使用人的時候,對人卻能按才能的大小合理使用他。給小人做事很困難,卻容易討他喜歡。雖然不以正道去討他的喜歡,他也會喜歡的。而到他使用人的時候,對人就求全責備。"

【注釋】

1 易事：易與共事，事奉他、給他做事容易。 說：同"悅"。

> 子曰："君子泰而不驕¹，小人驕而不泰。"

【今譯】

孔子説："君子安舒坦然而不驕傲放肆，小人驕傲放肆而不安舒坦然。"

【注釋】

1 泰，驕：皇侃《論語義疏》："君子坦蕩蕩，心貌怡平，是泰而不爲驕慢也；小人性好輕凌，而心恆戚戚，是驕而不泰也。"朱熹説："君子循理，故安舒而不矜肆。小人逞欲，故反是。"

> 子曰："剛，毅，木¹，訥²，近仁。"

【今譯】

孔子説："剛强不屈，果敢堅毅，質樸老實，言語謹慎，〔這四種品德〕接近於仁。"

【注釋】

1 木：質樸，樸實，憨厚老實。
2 訥：説話遲鈍。引申爲言語非常謹慎，不肯輕易說話。

子路問曰:"何如斯可謂之士矣?"子曰:"切切偲偲¹,怡怡如也²,可謂士矣。朋友切切偲偲,兄弟怡怡。"

【今譯】

子路問:"如何才配稱爲'士'呢?"孔子說:"互相勉勵督促,待人親切和氣,可以稱爲'士'了。朋友之間要互相勉勵督促,兄弟之間要親切和氣。"

【注釋】

1 切切偲偲(sī私):懇切地責勉、告誡,善意地互相批評;相互切磋,相互督促,和睦相處。
2 怡怡(yí移):和氣,安適,愉快。

子曰:"善人教民七年¹,亦可以即戎矣²。"

【今譯】

孔子說:"有作爲的領導人教練百姓七年,就可以〔使百姓〕從軍作戰了。"

【注釋】

1 善人：好的有作爲的領導人。一説，善於治軍作戰的人。

2 即：靠近，從事，參加。 戎（róng榮）：軍隊，戰爭。

> 子曰："以不教民戰¹，是謂棄之。"

【今譯】

孔子説："用没有經過軍事訓練的人去作戰打仗，這就叫做抛棄他們。"

【注釋】

1 不教民：即"不教之民"。没有經過軍事教育訓練的人。

憲問篇第十四

（共四十四章）

主要記孔子及其弟子論修身作人之道，兼有對歷史人物的評價。

憲問恥[1]。子曰："邦有道，穀[2]。邦無道，穀，恥也。""克、伐、怨、欲[3]，不行焉，可以為仁矣？"子曰："可以為難矣，仁則吾不知也。"

【今譯】

原憲問怎樣是可恥。孔子說："國家有道，應做官拿俸祿。國家無道，仍然做官拿俸祿，就是可恥。"〔原憲又問：〕"好勝，自誇，怨恨，貪慾，〔這些毛病〕都能克制，可以算做到了仁吧？"孔子說："可以說是難能可貴的，至於〔算不算做到〕仁，我不知道。"

【注釋】

1　憲：即原思。參閱《雍也篇第六》第五章注。原思，當屬於前章孔子所說的"狷者"類型的人物，故孔子言"邦有道"應有為而立功食祿，"邦無道"才應獨善而不貪位慕祿，以激勵原思的志向，使他自勉而進於有爲。

2 穀：穀米。指當官拿俸祿。

3 克：爭強好勝。 伐：自我誇耀。 怨：怨恨，惱怒。 欲：貪求多慾。

子曰："士而懷居[1]，不足以爲士矣。"

【今譯】

孔子説："作爲'士'，如果留戀家庭，就不足以成爲'士'了。"

【注釋】

1 懷居："懷"，留戀，思念。"居"，家居，家庭。《左傳》上有"懷與安，實敗名"的話（《僖公二十三年》），士若懷戀家居之安，心有所累，就成功不了事業。

子曰："邦有道，危言危行[1]；邦無道，危行言孫[2]。"

【今譯】

孔子説："國家有道，要説話正直，行爲正直；國家無道，行爲仍可正直，但説話要隨和順從。"

【注釋】

1 危：正直。言人所不敢言，行人所不敢行。

2 孫：同"遜"。謙遜，恭順。在這裡，有隨和順從而謹慎之意。孔子認爲,處亂世,要"言孫"以避禍,不應"危言"而招禍(作無謂犧牲)。

子曰:"有德者必有言,有言者不必有德。仁者必有勇,勇者不必有仁。"

【今譯】

孔子説:"有德行的人一定有〔好的〕言論,有〔好的〕言論的人卻不一定有德行。有仁德的人必定勇敢,勇敢的人卻不一定有仁德。"

南宫适問于孔子曰[1]:"羿善射[2],奡盪舟[3],俱不得其死然。禹、稷躬稼而有天下[4]。"夫子不答。南宫适出。子曰:"君子哉若人!尚德哉若人!"

【今譯】

南宫适問孔子:"羿善於射箭,奡善於水戰,最後都不得好死。禹、稷親自種莊稼,卻取得了天下。〔應怎樣評價這些歷史人物呢?〕"孔子没回答。南宫适出去了。孔子説:"真是君子啊,這個人!真是尊崇道德啊,這個人!"

【注釋】

1 南宫适:孔子弟子。參閱《公冶長篇第五》第二章注。

2 羿：在上古神話傳說中有三個羿，都是善於射箭的英雄。一是唐堯時的射箭能手。傳說堯時十日並出，曬得大地河乾草枯，羿射掉九日以解救民困。二是帝嚳時的射師。三是夏時有窮國的君主。傳說他本是夷族的一個酋長，曾一度篡奪了夏的政權而代理夏政。其理政後荒淫喜獵，把朝政交給親信家臣寒浞（zhuó 濁）管理。寒浞覬覦羿的地位和美貌的妻子，收買了羿的家奴逄蒙，乘羿打獵回來毫無防備，將其殺害。本章中的羿即指有窮國的羿。

3 奡盪舟："奡（ào 傲）"，一作"澆"。寒浞的兒子。是個大力士，又善於水戰。傳說他能"陸地行舟（在陸地上推着船走）"。"盪舟"，搖船，划船。據顧炎武《日知錄》說：古人以左右衝殺為"盪"。這裡便可理解為水戰，即以舟師衝殺。《竹書紀年》曾記："奡伐斟鄩，大戰於淮，覆其舟，滅之。"後在征戰中，奡被夏朝中興之主少康所殺。

4 禹：夏代開國祖先，善治水，重視發展農業。　稷（jì 計）：傳說是帝嚳之子，名棄，善農耕，堯舉為農師。至舜時，受封於邰（今陝西省武功縣西南），號曰"后稷"，別姓姬氏，是周朝的祖先。後世又被奉為穀神。

子曰："君子而不仁者有矣夫，未有小人而仁者也。"

【今譯】

孔子說："君子當中沒有仁德的人是有的呀，〔可是〕小人當中從來沒有有仁德的人。"

子曰："愛之，能勿勞乎¹？忠焉，能

勿誨乎？"

【今譯】

孔子説："愛他，能不讓他勤勞嗎？忠於他，能不勸告教誨他嗎？"

【注釋】

1　勞：勤勞，勞苦，操勞。此有進行勞動教育的含意。朱熹《四書集注》說："愛而知勞之，則其爲愛也深矣；忠而知誨之，則其爲忠也大矣。"《國語·魯語下》："夫民勞則思，思則善心生；逸則淫，淫則忘善，忘善則惡心生。"

子曰："爲命^1，裨諶草創之^2，世叔討論之^3，行人子羽修飾之^4，東里子產潤色之^5。"

【今譯】

孔子説："〔鄭國〕創制外交公文，總是由裨諶創作寫出草稿；由世叔組織討論；由外交官員子羽加以修飾；再由東里的子產潤色。"

【注釋】

1　命：舊注謂指諸侯"盟會之辭"，即外交辭令。
2　裨諶（pí chén 皮臣）：鄭國大夫。
3　世叔：《左傳》作"子太叔"（"太"、"世"二字古時通用），名游吉，鄭國大夫。子產死後，繼任鄭國宰相。

4 行人：掌使之官（外交官員）。 子羽：公孫揮，字子羽。鄭國大夫。

5 東里：鄭國邑名，在今河南鄭州市，子產所居。子產：名僑，字子產。鄭國大夫，後任宰相，有政聲。

或問子產，子曰："惠人也。"問子西[1]，曰："彼哉！彼哉[2]！"問管仲，曰："人也。奪伯氏駢邑三百[3]，飯疏食，沒齒無怨言[4]。"

【今譯】

有人問到子產〔是怎樣的人〕，孔子說："是惠愛於民的人。"問到子西，〔孔子〕說："他呀！他呀！"問到管仲，〔孔子〕說："是個人才。他剝奪了伯氏駢邑的三百戶采地，〔伯氏〕只得吃粗糧和蔬菜，〔可是〕直到老死，也沒有怨言。"

【注釋】

1 子西：春秋時，載入史籍的有三個子西。其一，楚國的公子申（楚平王的庶長子），曾任令尹（即宰相），有賢名，立楚昭王。他和孔子同時，死於孔子之後。其二，楚國的鬬宜申。後謀亂被殺。生活在魯僖公、魯文公之世。其三，鄭國的公孫夏，是子產（公孫僑）的同宗兄弟。曾掌握鄭國政權，他死後，才由子產繼他而執政。生當魯襄公之世。本章的子西，或說指楚國的公子申，或說指鄭國的公孫夏，已不可確考。

2 "彼哉"句：他呀，他呀。這是古代曾經流行的一個習慣用語,表示輕視,猶言算得了什麼,不值得一提。

3 伯氏:名偃,齊國大夫。 駢邑:齊國的地名。據清代阮元《積古齋鐘鼎彝器款識》考證,今山東省臨朐縣柳山寨,即春秋時的駢邑,現仍殘留有古城城基。

4 沒(mò默)齒:老到牙齒都掉沒了。指老死,終身。 無怨言:沒有抱怨、怨恨的話。史載:伯氏有罪,管仲爲宰相,奉齊桓公之命,依法下令剝奪了伯氏的采邑三百戶。因管仲執法公允,所以伯氏口服心服,始終無怨言。

子曰:"貧而無怨難,富而無驕易。"

【今譯】

孔子說:"貧窮而沒有怨恨,是困難的;富裕了而不驕傲,是容易的。"

子曰:"孟公綽爲趙、魏老則優[1],不可以爲滕、薛大夫[2]。"

【今譯】

孔子說:"孟公綽做趙氏、魏氏的家臣,是優良的;但是不可以做滕、薛的大夫。"

【注釋】

1 孟公綽:魯國大夫,屬於孟孫氏家族。廉靜寡慾而短於才。其德爲孔子所敬重。 老:古代對大夫家臣之長的尊稱,也稱"室老"。

2 滕,薛:古代兩個小諸侯國。"滕",故城在今山東省滕州市西南十五里。"薛",故城在今山東省滕州市東南四十餘里官橋至薛城一帶。爲何孟公綽不宜任小國的大夫呢?朱熹說:"大家勢重,而無諸侯之事;家老望尊,而無官守之責。""滕、薛國小政繁,大夫位高責重。"所以,孔子說像孟公綽這種"廉靜寡欲而短于才"的人,可以任大國上卿的家臣(望尊而職不雜,德高則能勝任),而不可以任小國的大夫(政煩責重,才短則難以勝任)。這說明了知人善任的重要性。

> 子路問成人[1]。子曰:"若臧武仲之知[2],公綽之不欲,卞莊子之勇[3],冉求之藝,文之以禮樂,亦可以爲成人矣。"曰:"今之成人者何必然?見利思義,見危授命,久要不忘平生之言[4],亦可以爲成人矣。"

【今譯】

子路問怎樣才是一個完美的人。孔子說:"假若有臧武仲的明智,孟公綽的不貪慾,卞莊子的勇敢,冉求的多才多藝,再用禮樂以增文采,也就可以成爲完美的人了。"〔孔子又〕說:"現在要成爲完美的人何必一定這樣要求呢?〔只要他〕見到財利時能想到道義,遇到〔國家〕有危難而願付出生命,長久處於窮困的境遇也不忘記平日的諾言,也就可以成爲一個完美的人了。"

【注釋】

1　成人：完人；人格完備，德才兼備的人。

2　臧武仲：即臧孫紇（hé 盒），臧文仲之孫。魯國大夫，因不容於魯國權臣而出逃。逃到齊國後，他預料到齊莊公不能長久，便設法拒絕了齊莊公給他的田，孔子認爲他很明智（見《左傳·襄公二十三年》）。

3　卞莊子：魯國大夫，封地在卞邑（今山東省泗水縣東）。傳說他曾一個人去打虎，以勇著稱。一說，即孟莊子。

4　久要：長久處於窮困的境遇。"要（yāo 腰）"，通"約"。窮困。一說，"久要"即舊約，舊時答應過別人的話，從前同別人約定的事。　平生：平日。

　　子問公叔文子于公明賈曰[1]："信乎，夫子不言、不笑、不取乎[2]？"公明賈對曰："以告者過也[3]。夫子時然後言，人不厭其言；樂然後笑，人不厭其笑；義然後取，人不厭其取。"子曰："其然，豈其然乎？"

【今譯】

　　孔子向公明賈問到公叔文子，説："是真的嗎？〔有人説公叔文子〕老先生不説、不笑、不取財。"公明賈回答説："這是傳話的人説得過分了。〔公叔文子〕老先生是到適當的時候然後説，別人就不討厭他的講話；快樂了然後笑，別人就不討厭他的笑；符合禮義然後取財，別人就不討厭他的取。"孔子說:"原來是這樣,怎麽會〔傳成〕那樣呢?"

【注釋】

1 公叔文子:名拔(一作發)。衛國大夫,衛獻公之孫。死後謚"文",故稱公叔文子。 公明賈:姓公明,名賈。衛國人。公叔文子的使臣。一說,"公明"即"公羊",是《禮記》中說的公羊賈。
2 夫子:敬稱公叔文子。
3 過:說得過分,傳話傳錯了。

子曰:"臧武仲以防求爲後于魯[1],雖曰不要君[2],吾不信也。"

【今譯】

孔子說:"臧武仲憑藉防而請求〔魯國國君〕爲他在魯國立後代爲大夫,雖然有人說〔臧武仲這樣做〕不是要挾君主,可是我不相信。"

【注釋】

1 "臧武"句:"防",魯國地名,在今山東省費縣東北六十里的華城,緊靠齊國邊境,是臧武仲受封的地方。公元前550年(魯襄公二十三年),臧武仲因幫助季氏廢長立少得罪了孟孫氏,逃到鄰近邾國。不久,他又回到他的故邑防城,向魯國國君請求爲臧氏立後代(讓他的子孫襲受封地,並任魯國大夫)。言辭甚遜,但言外之意:否則將據邑以叛。得到允許後,他逃亡到齊國(見《左傳·襄公二十三年》)。

2 要（yāo腰）：脅迫，要挾。

子曰："晉文公譎而不正[1]，齊桓公正而不譎[2]。"

【今譯】

孔子說："晉文公詭詐不正派；齊桓公正派不詭詐。"

【注釋】

1 晉文公：春秋時有作爲的政治家。晉獻公之子，姓姬，名重耳。因獻公寵驪姬，立幼子爲嗣，他受到迫害，流亡國外十九年；後由秦國送回晉國，即位，爲文公。他整頓內政，加強軍隊，使國力強盛。又平定周朝內亂，迎接周襄王復位，以"尊王"相號召。他伐衛致楚，"城濮之戰"用陰謀而大敗楚軍。在踐土（今河南省滎陽縣東北）大會諸侯，成爲春秋時著名的霸主之一。公元前636—前628年在位。 譎（jué絕）：欺詐，玩弄權術，耍弄陰謀手段。

2 齊桓公：春秋時有作爲的政治家。姓姜，名小白，姜尙（太公）的後人，齊襄公之弟。襄公被殺後，他從莒回國，取得政權。任用管仲爲相，進行改革，富國強兵。以"尊王攘夷"相號召，幫助燕國打敗北戎，營救邢、衛二國，制止戎狄入侵；又聯合中原諸侯進攻蔡、楚，與楚會盟於召陵（今河南省郾城東北）；還平定了東周王室的內亂，多次與諸侯結盟，互不使用武力，使天下太平了四十年。齊桓公成爲春秋時第一個霸主。公元前685—前643年在位。

子路曰:"桓公殺公子糾[1],召忽死之[2],管仲不死。"曰:"未仁乎?"子曰:"桓公九合諸侯[3],不以兵車[4],管仲之力也!如其仁!如其仁!"

【今譯】

子路說:"齊桓公殺了公子糾,召忽自殺殉節,但管仲卻沒有自殺。"〔子路又〕說:"〔這樣,管仲〕算是沒有仁德吧?"孔子說:"齊桓公多次召集各諸侯國,主持盟會,沒用武力,而制止了戰爭,這都是管仲的力量啊!這就算他的仁德!這就算他的仁德!"

【注釋】

1 公子糾:小白(即後來的齊桓公)的哥哥。他二人都是齊襄公的弟弟。襄公無道,政局混亂,他二人怕受連累,於是,小白由鮑叔牙事奉逃亡莒國,公子糾由管仲、召忽事奉逃亡魯國。而後,齊襄公被公孫無知殺死,公孫無知立爲君。次年,雍廩又殺死公孫無知,齊國當時就沒有國君了。在魯莊公發兵護送公子糾要回齊國即位的時候,小白用計搶先回到齊國,立爲君。接着興兵伐魯,逼迫魯國殺死了公子糾(見《左傳》莊公八年、九年)。

2 召忽:他與管仲都是公子糾的家臣、師傅。公子糾被殺後,召忽自殺殉節。管仲卻歸服齊桓公,並由鮑叔牙推薦當了宰相。

3 九合諸侯:多次會合諸侯。"九",不是確數,極言其多。一說,"九"便是"糾",古字通用。"合",集合。

4 不以：不用。　兵車：戰車。代指武力。

子貢曰："管仲非仁者與？桓公殺公子糾，不能死，又相之。"子曰："管仲相桓公，霸諸侯，一匡天下[1]，民到于今受其賜。微管仲[2]，吾其被髮左衽矣[3]。豈若匹夫匹婦之爲諒也[4]，自經于溝瀆而莫之知也[5]！"

【今譯】

子貢說："管仲不是仁人吧？桓公殺了公子糾，〔管仲〕沒自殺，卻又輔佐桓公。"孔子說："管仲輔佐桓公，〔使齊國〕在諸侯中稱霸，匡正了天下，人民到如今還受到他給的好處。如果沒有管仲，我們恐怕已經淪爲披頭散髮衣襟在左邊開的落後民族了。難道〔管仲〕像一般的平庸男女那樣，爲了守小節，在小山溝裡上吊自殺，而不被人所知道嗎？"

【注釋】

1 一匡天下：使天下的一切得到匡正。"匡"，正，糾正。

2 微：非，無，沒有。一般用於和旣成事實相反的假設句前面。

3 被髮左衽：當時邊疆地區夷狄少數民族的風俗、打扮。"被"，同"披"。"衽（rèn任）"，衣襟。

4 匹夫匹婦：指一般的平民百姓，平庸的人。　諒：信實，遵守信用。這裡指拘泥小的信義、小的節操。

5 自經：自縊，上吊自殺。　溝瀆(dú毒)：古時，田間水道稱溝，邑間水道稱瀆。這裡指小山溝。

公叔文子之臣大夫僎與文子同升諸公¹。子聞之，曰："可以爲'文'矣²。"

【今譯】

公叔文子的家臣大夫僎，與文子同在朝廷爲大夫。孔子聽到這件事，說："〔公叔文子死後〕可以用'文'作諡號了。"

【注釋】

1 僎(xún尋)：人名。原是公叔文子的家臣，由於文子的推薦，當上衛國的大夫。　同升諸公：謂僎由家臣經公叔文子推薦而與之同爲衛國的大夫。"公"，公室，朝廷。

2 爲文：諡號爲"文"。實際上，公叔文子死後，其子戍請諡於君。衛君說：過去衛國遭荒年時，公叔文子曾煮粥賑濟，施恩惠於饑民；又在國家危難時對君王表現非常忠貞。故給他的諡號是"貞惠文子"。

子言衛靈公之無道也，康子曰："夫如是，奚而不喪¹？"孔子曰："仲叔圉治賓客²，祝鮀治宗廟³，王孫賈治軍旅。夫如是，奚其喪？"

【今譯】

孔子説到衛靈公的昏庸無道,季康子説:"像這樣〔無道〕,爲什麼還不失位喪亡呢?"孔子説:"有仲叔圉接待賓客辦理外交,祝鮀主管祭祀,王孫賈統率軍隊。像這樣〔用人得當〕,怎麼會失位喪亡呢?"

【注釋】

1　奚:爲何,爲什麼。
2　仲叔圉(yǔ 雨):即孔文子。衛國大夫,世襲貴族。
3　祝鮀(tuó 鮀):衛國大夫,世襲貴族。

　　子曰:"其言之不怍¹,則爲之也難。"

【今譯】

孔子説:"一個人大言不慚,那麼實際去做就困難了。"

【注釋】

1　怍(zuò 作):慚愧。這裡是形容好説大話,虛誇,而不知慚愧的人。這種人善於吹噓,自然就難以實現他所説的話。

　　陳成子弒簡公¹。孔子沐浴而朝²,告于哀公曰:"陳恆弒其君,請討之。"公曰:"告夫三子³。"孔子曰:"以吾從大夫之後[4]，不敢不告也。君曰'告夫三子'者！"之三子告[5]，不可。孔子曰："以吾從大夫之後，不敢不告也。"

【今譯】

陳成子殺了齊簡公，孔子〔得知〕馬上沐浴上朝，向魯哀公報告說："陳恆弑其君主，請出兵討伐。"哀公說："去報告三位大夫吧！"孔子說："因爲我曾經當過大夫，不敢不來報告。君主卻說'去報告三位大夫吧！'"〔孔子〕到三位大夫那裡去報告，他們表示不可以〔出兵〕。孔子〔又〕說："因爲我曾當過大夫，不敢不來報告。"

【注釋】

1 陳成子：齊國大夫陳恆，又名田成子。他在齊國用大斗借糧、小斗收糧的方法，獲得百姓擁護。政治上逐漸取得優勢後，在公元前481年（魯哀公十四年）殺死齊簡公，掌握了齊國政權。此後的齊國在歷史上也稱"田齊"。 簡公：齊簡公，姓姜，名壬。公元前484—前481年在位。

2 沐浴：洗頭，洗澡。指上朝前表示尊敬與嚴肅而舉行的齋戒。

3 告夫三子："三子"，指季孫氏、孟孫氏、叔孫氏。因當時的季孫、孟孫、叔孫權勢很大，實際操縱魯國政局，魯哀公不敢作主，故叫孔子去報告這三位大夫。

4 從大夫之後：猶言我過去曾經當過大夫。參閱《先進篇第十一》第八章注。

5 之：去，往，到。

子路問事君。子曰:"勿欺也,而犯之¹。"

【今譯】

子路問怎樣事奉君主。孔子説:"不要欺騙他,而要犯顏直言規勸他。"

【注釋】

1 犯:觸犯,冒犯。這裡引申爲對君主犯顏諍諫。

子曰:"君子上達,小人下達¹。"

【今譯】

孔子説:"君子向上,通達于仁義;小人向下,通達于財利。"

【注釋】

1 上達,下達:古今學者解釋各有不同:一,君子通達於仁義,小人通達於財利。二,上達指漸進而上,下達指漸流而下。有"君子天天長進向上,小人日日沉淪,每況愈下"之意。三,君子循天理,故日進乎高明;小人徇人慾,故日究乎汙下。四,君子追求高層次的通達,小人追求低層次的通達。五,君子上達達於道,小人下達達於器。本書取第一説。其餘供參考。

子曰:"古之學者爲己,今之學者爲

人。"

【今譯】

孔子説:"古代學習的人,是爲了〔充實提高〕自己;現在學習的人,是爲了〔裝飾門面做樣子〕給别人看。"

蘧伯玉使人于孔子¹,孔子與之坐而問焉,曰:"夫子何爲?"對曰:"夫子欲寡其過而未能也。"使者出,子曰:"使乎!使乎!"

【今譯】

蘧伯玉派使者去看望孔子,孔子讓他坐下,問道:"蘧老先生〔近來〕在做些什麽?"使者回答説:"他老先生想少犯些錯誤,卻常感覺没能做到。"使者走了以後,孔子説:"好使者啊!好使者啊!"

【注釋】

1 蘧(qú渠)伯玉:姓蘧,名瑗,字伯玉,衛國大夫。孔子去衛國時,曾住在他家裡。當時,蘧伯玉是有名的有道德修養的人,古人對他頗多讚譽,如"蘧伯玉年五十而知四十九年非"(《淮南子·原道訓》),"蘧伯玉行年六十而六十化"(《莊子·則陽篇》)。所謂化就是"與日俱新,隨年變化"(郭慶藩《莊子集釋》)之意。從本章所叙也可看出:使者說的話很謙卑,而由此卻越能顯出蘧伯玉善於改過的賢德。

子曰:"不在其位,不謀其政[1]。"曾子曰[2]:"君子思不出其位[3]。"

【今譯】

孔子說:"不在那個職位,就不要過問那方面的政事。"曾子說:"君子考慮事情,不超出他職位的範圍。"

【注釋】

1 "不在"句:已見前《泰伯篇第八》第十四章,可參閱。
2 曾子:曾參。參閱《學而篇第一》第四章注。
3 "君子"句:本句也見於《周易·艮卦·象辭》:"君子以思不出其位。"

子曰:"君子恥其言而過其行。"

【今譯】

孔子說:"君子以說得多做得少爲可恥。"

子曰:"君子道者三,我無能焉:仁者不憂,知者不惑,勇者不懼。"子貢曰:"夫子自道也!"

【今譯】

孔子説:"君子之道有三條,我都没能做到:仁德的人不憂愁,智慧的人不迷惑,勇敢的人不畏懼。"子貢説:"〔這正是〕老師您的自我表述啊!"

子貢方人[1]。子曰:"賜也賢乎哉?夫我則不暇[2]。"

【今譯】

子貢指責別人。孔子説:"賜呀,你就那麽好嗎?要叫我呀,可没有那種閒功夫〔指責別人〕。"

【注釋】

1 方:同"謗"。指責,説別人的壞處。一説,比長較短。句中的意思則是:子貢喜歡將人拿來做比較,評論其短長。
2 不暇:没有空閒的時間。

子曰:"不患人之不己知[1],患其不能也。"

【今譯】

孔子説:"不憂慮別人不知道自己〔有長處好處〕,只憂慮自己無能。"

【注釋】

1 患：憂慮，擔心，怕。

子曰："不逆詐[1]，不億不信[2]，抑亦先覺者，是賢乎！"

【今譯】

孔子說："事前不預先懷疑別人欺詐，不主觀猜測別人不誠實，〔但若遇上欺詐情僞的人〕卻也能及早地發現察覺，這樣的人該是賢人吧！"

【注釋】

1 逆：預先，預測。
2 億：同"臆"。主觀推測，猜測。

微生畝謂孔子曰[1]："丘，何爲是棲棲者與[2]？無乃爲佞乎[3]？"孔子曰："非敢爲佞也，疾固也。"

【今譯】

微生畝對孔子說："孔丘，你爲什麼做一個這樣忙碌不安〔到處游說〕的人呢？豈不成了花言巧語的人嗎？"孔子說："我不敢花言巧語，而是厭恨那些固執的人。"

【注釋】

1 微生畝:姓微生,名畝。傳說是一位年長的隱士。一作"尾生畝"。又說,即微生高。
2 棲棲(xī西):忙碌不安,到處奔波不安定的樣子。
3 佞:花言巧語,能言善辯,賣弄口才。

子曰:"驥不稱其力¹,稱其德也²。"

【今譯】

孔子說:"千里馬,值得稱讚的不是牠〔善跑〕的氣力,稱讚的是牠的品質。"

【注釋】

1 驥(jì計):古代稱善跑的千里馬。
2 德:這裡指千里馬能吃苦耐勞的優良品質。

或曰:"以德報怨何如¹?"子曰:"何以報德?以直報怨,以德報德。"

【今譯】

有人說:"用恩德來報答仇怨,如何呢?"孔子說:"〔那麼〕用什麼來報答恩德呢?〔應該〕以公平無私來對待仇怨,用恩德來報答恩德。"

【注釋】

1 以德報怨:"德",恩惠,恩德。"怨",怨恨,仇怨。

這話可能是當時的俗語。《老子》:"大小多少,報怨以德。"這是老子哲學中一種調和化解矛盾的思想。孔子對這種思想提出了批評。

> 子曰:"莫我知也夫[1]!"子貢曰:"何爲其莫知子也[2]?"子曰:"不怨天,不尤人[3],下學而上達。知我者其天乎!"

【今譯】

孔子說:"沒有人瞭解我啊!"子貢說:"爲什麼會沒有人瞭解您呢?"孔子說:"〔我〕不埋怨天,不責備人,下學人事,上達天命。瞭解我的大概只有天吧!"

【注釋】

1 莫我知:即"莫知我"的倒裝。沒有人知道、瞭解我。
2 何爲:爲何。
3 尤:責怪,歸咎,怨恨。

> 公伯寮愬子路于季孫[1]。子服景伯以告[2],曰:"夫子固有惑志于公伯寮,吾力猶能肆諸市朝[3]。"子曰:"道之將行也與,命也;道之將廢也與,命也。公伯寮其如命何?"

【今譯】

公伯寮對季孫說子路的壞話。子服景伯把這事告知孔子,並說:"〔季孫〕老先生已經被公伯寮迷惑住了,我的力量還能〔設法把真相辨明,殺掉公伯寮〕把他的屍首擺到街市上去示衆。"孔子說:"我的道能得到實行,是天命;我的道被廢掉,也是天命。公伯寮能把天命怎麼樣?"

【注釋】

1 公伯寮:字子周。《史記·仲尼弟子列傳》作"公伯僚"。一作"繚"。孔子的弟子。曾任季氏家臣。政治上的投機份子。 愬(sù 素):同"訴"。誣謗,告發,背後說人的壞話。

2 子服景伯:姓子服,名何,字伯,"景"是死後諡號。魯國大夫。

3 肆:指處以死刑後陳屍示衆。 市朝:被處死的罪犯中,自士以下的,陳屍於市集;自大夫以上的,陳屍於朝廷。

子曰:"賢者辟世[1],其次辟地,其次辟色,其次辟言。"子曰:"作者七人矣[2]。"

【今譯】

孔子說:"賢人避開社會而隱居;其次是〔離開亂國〕避到別的地方去;再其次是避開別人難看的臉色;再其次是避開難聽的惡言。"孔子

〔又〕說:"這樣做的已經有七人了。"

【注釋】

1 辟世:指不干預世事而隱居。"辟",同"避"。避開。

2 七人:指傳說中的七位賢人隱士。具體所指其說不一。有的說是:伯夷,叔齊,虞仲(太公),夷逸,朱張,柳下惠,少連。有的說是:長沮,桀溺,荷蓧丈人,石門守門者,荷蕢者,儀封人,楚狂接輿。不可確考。

子路宿于石門¹。晨門曰:"奚自²?"子路曰:"自孔氏。"曰:"是知其不可而為之者與?"

【今譯】

子路在石門住宿。早晨值班看守城門的人問:"你從哪裡來?"子路說:"從孔氏那兒。"〔守城門的人〕說:"是那個明知做不成而偏要堅持去做的人嗎?"

【注釋】

1 石門:魯國都城(曲阜)外城的城門。一說,曲阜共有七個城門,南邊的第二個門就叫石門。孔子第二次周遊列國,道不能行,於六十八歲時,結束了他十四年的游說生活,率弟子們回魯國的老家。子路打前站,先到石門,已天晚,在城門外住了一宿。

2 奚自:"自奚"的倒裝。從哪裡來。

子擊磬于衛¹,有荷蕢而過孔氏之門者²,曰:"有心哉,擊磬乎!"既而曰³:"鄙哉,硜硜乎⁴!莫己知也⁵,斯己而已矣。'深則厲,淺則揭'⁶。"子曰:"果哉!末之難矣。"

【今譯】

孔子在衛國,有一天正在敲着磬,有位挑着草筐的人從孔子門口經過,説:"有〔憂世的〕心思啊,敲磬吧!"過了一會兒,又説:"鄙陋啊,那硜硜的聲音,好像表明没有人瞭解自己;〔既然没人瞭解〕那麼自己就〔停止〕算了吧。〔人生好像趟水,《詩經》上有句比喻的話:〕'水深,就穿着衣服趟過去;水淺,就撩起衣服趟過去。'"孔子説:"説得真果斷堅決啊!〔如果真像趟水那樣〕就没有什麼困難了。"

【注釋】

1 磬(qìng慶):古代一種打擊樂器,形狀像曲尺,用玉或美石製成。
2 荷蕢:"荷(hè賀)",揹,扛,擔負。"蕢(kuì愧)",草編的筐。《高士傳》:荷蕢者,衛人也,避亂不仕,自匿姓名,故荷草器而自食其力也。
3 既而:不久,一會兒。
4 硜硜(kēng坑):象聲詞。擊石聲。這裡用來形容敲磬的聲音。

5 莫己知也：即"莫知己也"。

6 "深則厲"句：出自《詩經·邶風·匏有苦葉》："匏有苦葉，濟有深涉。深則厲，淺則揭。"大意是說：大葫蘆葉兒枯黃已經成熟，濟水上有個看上去水挺大的渡口。如果水深，就穿着衣服下水過去；如果水淺，就撩起衣服趟過去。這裡"荷蕢者"以涉水為喻，譏孔子不知己而不止，不能適淺深之宜。

> 子張曰："《書》云：'高宗諒陰，三年不言。'[1] 何謂也？"子曰："何必高宗，古之人皆然。君薨[2]，百官總己以聽于冢宰三年[3]。"

【今譯】

子張說："《尚書》上說：'殷高宗居喪守孝，住在凶廬，三年不問政事。'為何這樣呢？"孔子說："何必高宗這樣，古人都這樣。君主死了，文武百官總攝自己的職事都要聽命於冢宰三年之久。"

【注釋】

1 "高宗"句：出自《尚書·無逸》篇。"高宗"，殷王武丁，為商代王朝第十一世的賢王。他即位後，用奴隸傅說（yuè 悅）為相，又得賢臣甘盤輔佐，國家大治。武丁在位時，是殷王朝最隆盛的時代。"諒陰"，也寫作"亮陰"，"諒暗"，"樑暗"。傳統的讀法是 liáng ān（良安）。其意歷來學者說法各異:一,"亮",同"諒",誠信。"陰",沉默。指武丁即王位之初,懷着滿心的誠信,態度沉默,三年之中不大講話。二,指武丁遭遇父喪,三年居喪守孝。後世帝王居喪守孝還沿稱"諒陰"。三,指居喪時所住的房子。這種房子,只用一根樑作屋脊,周圍沒有楹柱,上邊鋪上茅草作簷,下垂於地。整個房子沒有門窗,光線很暗。故稱"樑暗"。此取第三說。"不言",指不大過問政事。

2 薨(hōng 轟):周代諸侯之死叫"薨"。

3 冢(zhǒng 腫)宰:商代官名,相當於後世的宰相。

子曰:"上好禮則民易使也¹。"

【今譯】

孔子說:"在上位的人好禮,人民就容易聽從役使了。"

【注釋】

1 使:使喚,役使。

子路問君子。子曰:"修己以敬。"曰:"如斯而已乎?"曰:"修己以安人¹。"曰:"如斯而已乎?"曰:"修己以安百姓。修己以安百姓,堯舜其猶病諸²!"

【今譯】

子路問怎樣才是君子。孔子說:"修養自己,保持嚴肅恭敬的態度。"〔子路〕説:"像這樣就够了嗎?"〔孔子〕説:"修養自己,使貴族、大夫們安樂。"〔子路〕説:"像這樣就够了嗎?"〔孔子〕説:"修養自己,使全體百姓安樂。修養自己,使全體老百姓安樂,堯舜尚且擔心做不到哩!"

【注釋】

1 人:與"己"相對。這裡當指士大夫以上的貴族、上層人士。比下面的"百姓"所指範圍要窄。

2 病:擔心,憂慮。

> 原壤夷俟¹。子曰:"幼而不孫弟²,長而無述焉³,老而不死,是爲賊⁴。"以杖叩其脛⁵。

【今譯】

原壤左右伸腿叉開兩隻脚坐在地上等〔孔子〕。孔子説:"你年幼時不講孝悌,長大了没有作爲,老了還不死,簡直是個害人的賊。"〔説着〕就用手杖敲了敲原壤的小腿〔讓他把腿收回去〕。

【注釋】

1 原壤:魯國人,據説是周文王第十六子原伯的後人,是孔子多年的老朋友。《禮記·檀弓》記載:原壤的母親死了,孔子去幫助他治喪,他卻站在棺材上大聲歌唱。孔子假裝没聽見,不去理會。跟從的人看不下去了,就勸孔子別幫原壤料理喪事了。孔子認爲,無論如何,親總是親,故總是故,看在老朋友的分上,該幫他料理喪事,還要幫他料理。不過,孔子確也認爲原壤是不禮不敬不近人情的。　夷:指"箕踞",即屁股坐地,兩條腿左右斜伸出去,叉開兩隻腳呈八字形。因像隻簸箕故稱。古人認爲,以這種姿態坐在地上是一種輕慢無禮的表現。　俟(si四):等待。

2　孫:同"遜"。　弟:同"悌"。

3　長:長大,年長。　無述:無作爲,沒成就,沒貢獻。

4　"老而"句:這句話孔子是專對原壤一人而發,有恨鐵不成鋼的意思。"賊",指爲害社會的壞人。後世有人斷章取義,把這句話連起來說成"老而不死是爲賊",誤以爲是孔子對老年人的一種侮罵。這顯然與孔子本來的意思截然不同。

5　脛(jing競):小腿。

闕黨童子將命[1]。或問子曰:"益者與?"子曰:"吾見其居于位也[2],見其與先生並行也[3]。非求益者也,欲速成者也。"

【今譯】

闕黨地方的一個兒童來向孔子傳信。有人問孔子:"〔這兒童〕是要求上進的人嗎?"孔子說:"我見他坐在成年人的位子上,又見他與長輩並肩而行。他不是要求上進的人,而是一個想急於求成的人。"

【注釋】

1 闕（què 確）黨：魯國地名，在今山東省曲阜市境內。一說，即"闕里"，是孔子的家鄉。 將（jiāng 江）命：傳達信息，傳話。

2 居于位：坐在席位上。按古代禮節，大人可以有正式的席位就坐，兒童沒有席位。可是，這位童子卻與大人一起坐在席位上，可見其不知禮。

3 先生：這裡是對年長者、長輩的尊稱。

衛靈公篇第十五

(共四十二章)

主要記孔子及其弟子在周遊列國時所論的以仁德治國的道理。

> 衛靈公問陳于孔子[1]。孔子對曰："俎豆之事[2]，則嘗聞之矣[3]；軍旅之事，未之學也。"明日遂行[4]。

【今譯】

衛靈公向孔子問軍隊怎樣列陣。孔子回答說："禮節儀式方面的事，我曾聽說一些；軍隊作戰方面的事，我沒學過。"第二天，〔孔子〕就離開了衛國。

【注釋】

1 陳：同"陣"。軍隊作戰佈列陣勢。
2 俎豆之事：指禮節儀式方面的事。"俎（zǔ祖）"，古代祭祀宴享，用以盛放牲肉的器具。"豆"，古代盛食物的器具，似高腳盤。二者都是古代祭祀宴享用的禮器。
3 嘗：曾經。
4 遂行：就走了。孔子主張禮治，反對使用武力。見衛靈公無道,而又有志於戰伐,不能以仁義治天下,故而未答"軍旅之事",第二天就離開了衛國。

> 在陳絕糧,從者病[1],莫能興[2]。子路慍見曰[3]:"君子亦有窮乎?"子曰:"君子固窮[4],小人窮斯濫矣[5]。"

【今譯】

〔孔子與弟子們〕在陳國某地斷絕了糧食,隨從的人餓壞了,不能起身行走。子路滿臉惱怒,來見〔孔子〕說:"君子也有困厄的時候嗎?"孔子說:"君子困厄時尚能安守,小人困厄了就不約束自己而胡作非爲了。"

【注釋】

1 病:苦,困。這裡指餓極了,餓壞了。
2 興:起來,起身。這裡指行走。
3 慍(yùn運):惱怒,怨恨。
4 固:安守,固守。
5 濫:像水一樣漫溢、泛濫。比喻人不能檢點約束自己,什麼事都幹得出來。

> 子曰:"賜也[1],女以予爲多學而識之者與[2]?"對曰:"然。非與?"曰:"非也,予一以貫之[3]。"

【今譯】

孔子説:"端木賜呀,你以爲我是學習了很多而又一一記住的嗎?"〔端木賜〕回答説:"是的。不是這樣嗎?"〔孔子〕説:"不是的。我是用一個基本的思想觀念來貫穿它們的。"

【注釋】

1 賜:端木賜,字子貢。
2 女:同"汝"。你。
3 以:用。 一:一個基本的原則、思想。孔子這裡指的是"忠恕"之道。 貫:貫穿,貫通。

子曰:"由,知德者鮮矣[1]。"

【今譯】

孔子説:"仲由,懂得道德的人少啊。"

【注釋】

1 鮮(xiǎn險):少。因爲道德必須由自身加強學習與修養,日積月累,長期努力,才能將其義理得之於心,見之於行,故孔子説"知德者鮮"。

子曰:"無爲而治者[1],其舜也與?夫何爲哉?恭己正南面而已矣[2]。"

【今譯】

孔子説："好像無所作爲而使天下得到治理的,大概只有虞舜吧?他做了些什麼呢?他只是恭敬鄭重地臉朝南面〔坐着〕而已。"

【注釋】

1　無爲而治:"無爲",無所作爲。據傳,舜當政時,一切沿襲堯的舊法來治國,似乎沒有什麼新的改變和作爲,而使天下太平。後泛指以德化民,無事於政刑。朱熹《四書集注》説:"聖人德盛而民化,不待其有所作爲也。獨稱舜者,紹堯之後,而又得人以任衆職,故尤不見有爲之跡也。"

2　南面:古代傳統禮法,王位總是坐北朝南的。

子張問行,子曰:"言忠信,行篤敬,雖蠻貊之邦¹,行矣。言不忠信,行不篤敬,雖州里²,行乎哉?立則見其參于前也³,在輿則見其倚于衡也⁴,夫然後行。"子張書諸紳⁵。

【今譯】

子張問〔自己的主張〕如何能行得通。孔子説:"説話忠誠守信,行爲敦厚恭敬,即使在蠻貊地區,也行得通。説話不忠信,行爲不篤敬,即使在本鄉州裡,能行得通嗎?〔"忠信篤敬"這幾個字〕站着,彷彿看見它直立在眼前;坐車,彷彿看見它依靠在車轅的橫木上。這樣做了以後就能行得通。"子張〔把孔子的話〕寫在自己的衣帶上。

【注释】

1　蠻：南蠻，泛指南方邊疆少數民族。　貊（mò 墨）：北狄，泛指北方邊疆少數民族。

2　州里：古代二千五百家爲州。五家爲鄰，五鄰爲里。這裡代指本鄉本土。

3　參：本意爲直、高。這裡引申爲像一個高大的東西直立在眼前。

4　輿（yú 余）：車。　倚：依靠在物體或人身上。衡：車轅前的橫木。

5　書諸紳：即"書之于紳"。"紳"，繫在腰間下垂的寬大的衣帶。把警句、格言寫在腰間的大帶子上，一低頭就能看到，從而時時提醒自己，指導自己的言行。這是古人一種加強自我修養的方法。

　　子曰："直哉史魚¹！邦有道如矢，邦無道如矢。君子哉蘧伯玉²！邦有道則仕，邦無道則可卷而懷之。"

【今譯】

　　孔子說："史魚真正直啊！國家有道，〔他的言行〕像〔射出的〕箭頭一樣剛直；國家無道，也像箭頭一樣剛直。蘧伯玉真是一位君子啊！國家有道時，出來做官；國家無道時，〔把正確主張〕收起來辭官隱居。"

【注释】

1 史魚：衛國大夫，名鰌（qiū丘），字子魚。他曾多次向衛靈公推薦賢臣蘧伯玉，未被採納。史魚病危臨終時，囑咐兒子，不要"治喪正堂"，用這種做法再次勸告衛靈公一定要進用蘧伯玉，而貶斥奸臣彌子瑕。等衛靈公採納實行之後，才"從喪北堂成禮"。史魚這種正直的行爲，被古人稱爲"屍諫"（事見《孔子家語》及《韓詩外傳》）。

2 蘧伯玉：參見《憲問篇第十四》第二十五章注。

子曰："可與言而不與之言，失人；不可與言而與之言，失言。知者不失人[1]，亦不失言。"

【今譯】

孔子說："可以與他說話卻不與他說，就會失掉友人錯過人才；不可與他說話卻與他說，就是浪費言語。聰明人既不失掉友人錯過人才，也不浪費言語。"

【注釋】

1 知：同"智"。智者，聰明人。

子曰："志士仁人，無求生以害仁[1]，有殺身以成仁[2]。"

【今譯】

孔子説:"有志之士,仁義之人,不能爲求得保住生命而損害仁,而應爲做到仁獻出生命。"

【注釋】

1 求生:貪生怕死,爲保活命苟且偷生。
2 殺身:勇於自我犧牲,爲仁義當死而死,心安德全。

子貢問爲仁,子曰:"工欲善其事¹,必先利其器²。居是邦也,事其大夫之賢者³,友其士之仁者。"

【今譯】

子貢問怎樣實行仁德。孔子説:"工匠要把活兒幹得好,必須先把工具弄得精良合用。〔要實行仁德,〕住在一個國家,就要事奉大夫中有賢德的人,與士中有仁德的人交朋友。"

【注釋】

1 善:用作動詞。做好,幹好,使其完善。
2 利:用作動詞。搞好,弄好,使其精良。
3 事:事奉,爲……服務。

顏淵問爲邦¹,子曰:"行夏之時²,乘殷之輅³,服周之冕⁴,樂則《韶》《舞》⁵,放鄭聲⁶,遠佞人⁷。鄭聲淫,佞人殆⁸。"

【今譯】

　　顏淵問怎樣建設國家。孔子説:"遵行夏代的曆法,駕乘殷代的車子,戴周代的禮帽,奏《韶樂》、《舞樂》,禁止鄭國的樂曲,疏遠花言巧語善於狡辯的小人。鄭國的樂曲不正派,花言巧語的小人危險。"

【注釋】

1　爲:建設,治理。　邦:邦國,諸侯國。
2　夏之時:"時",時令,時節。此指曆法。夏之時,就是沿用至今的夏曆(又稱陰曆,農曆)。周曆建子(以夏曆十一月爲正月),殷曆建丑(以夏曆十二月爲正月),夏曆建寅(以建寅之月的朔日爲歲首),而夏曆最合於農時,有利於農業生產,故孔子主張推行夏曆。
3　乘殷之輅:"輅(lù 路)",古代的大車。舊説殷代的大車木質而無飾,最儉樸實用,故孔子提倡"乘殷之輅"。
4　服周之冕:"冕",禮帽。舊説周代的禮帽體制完備而華美,而孔子是一向提倡禮服應講究、華美的,故説要"服周之冕"。
5　韶:舜時音樂。　舞:同《武》。周武王時音樂。參閱《八佾篇第三》第二十五章注。
6　放:驅逐,排斥,禁止。　鄭聲:鄭國的民間音樂。鄭國民間音樂形式活潑,與典雅板滯的古樂有很大不同。孔子難以接受,認爲它多靡靡之音,故主張"放鄭聲"。
7　遠:作動詞用。疏遠。
8　殆:危險。

　　子曰:"人無遠慮,必有近憂[1]。"

【今譯】

孔子說:"人沒有對將來的考慮,必定會有近在眼前的憂患。"

【注釋】

1 遠,近:指時間。猶言未來,目前。一說,指地方。朱熹說:"人之所履者,容足之外,皆爲無用之地,而不可廢也。故慮不在千里之外,則患在几席之下矣。"

> 子曰:"已矣乎,吾未見好德如好色者也[1]。"

【今譯】

孔子說:"罷了啊,我沒見過愛慕德行像愛慕美色〔那樣熱切〕的人。"

【注釋】

1 本章文字與《子罕篇第九》第十八章略同,可參閱。

> 子曰:"臧文仲其竊位者與[1]?知柳下惠之賢[2],而不與立也[3]。"

【今譯】

孔子說:"臧文仲大概是個竊據官位的人吧?明知柳下惠是賢人,卻不給他官位。"

【注釋】

1 臧文仲：即臧孫辰。魯國大夫，歷仕魯莊公、魯閔公、魯僖公、魯文公四朝。知賢而不舉，故孔子批評他"不仁"，"竊位"。參見《公冶長篇第五》第十八章注。 竊位：竊據高位，佔有官位而不稱職、不盡責。

2 柳下惠：本姓展，名獲，字禽，又名展季。他的封地（一說是居處）叫"柳下"；死後，由他的妻子倡議，給他的"私諡"（並非由朝廷授予的諡號）叫"惠"，故稱"柳下惠"。春秋中期的賢者，魯國大夫，曾任"士師"（掌管刑獄的官員）。以講究禮節而著稱。

3 與立：即"與之並立于朝"，給予官位。一說，"立"同"位"。"與立"，即"與位"。

子曰："躬自厚而薄責于人[1]，則遠怨矣[2]。"

【今譯】

孔子說："自己多責備自己而少責備別人，就可以避開怨恨了。"

【注釋】

1 躬自厚：意為責己要重，應多多反省責備自己。"躬"，自身。"厚"，這裡指厚責，重責。 薄責于人：意為待人要寬，要行恕道，少挑剔責備別人。"薄責"，輕責，少責備。

2 遠：遠離，避開。

子曰："不曰'如之何，如之何'

者¹，吾末如之何而已矣²。"

【今譯】

孔子說："不說'怎麼辦，怎麼辦'的人，我〔對這種人〕也沒辦法啊。"

【注釋】

1 如之何：猶言怎麼辦。孔子這裡的意思是：做事一定要經過深思熟慮，多問幾個"該怎麼辦"。因爲只有深憂遠慮的人，才能眞正想出解決問題的好辦法。

2 末如之何：猶言沒辦法。"末"，沒。

子曰："羣居終日，言不及義，好行小慧，難矣哉！"

【今譯】

孔子說："衆人整天聚在一處，說的話從不涉及義理，還好賣弄一點小聰明，〔對這種人〕真難〔教育〕啊！"

子曰："君子義以爲質¹，禮以行之，孫以出之²，信以成之。君子哉！"

【今譯】

孔子說："君子以義爲根本，以禮法來實行〔義〕，以謙遜的語言來表達〔義〕，以忠誠的態度來完成〔義〕,這就是君子啊!"

【注釋】
1 質:本意爲本質、質地。引申爲基本原則,根本。
2 孫:同"遜"。 出:出言,表達。

子曰:"君子病無能焉[1],不病人之不己知也。"

【今譯】
孔子說:"君子只憂慮〔自己〕沒有才能,不憂慮別人不知道自己。"

【注釋】
1 病:擔心,憂慮。

子曰:"君子疾没世而名不稱焉[1]。"

【今譯】
孔子說:"君子就怕死後没有〔好的〕名聲被人稱頌。"

【注釋】
1 疾:恨,怕,感到遺憾。 没世:終身,死。 稱:稱述,稱道。

子曰:"君子求諸己¹,小人求諸人。"

【今譯】

孔子說:"君子要求自己,小人要求別人。"

【注釋】

1 求:要求。一說,求助,求得。則此章意為:君子一切求之於自己,小人一切求之於他人。

子曰:"君子矜而不爭¹,羣而不黨²。"

【今譯】

孔子說:"君子莊重矜持而不同別人爭執,合羣而不結黨營私。"

【注釋】

1 矜(jīn 今):莊重,矜持,慎重拘謹。
2 黨:結黨營私,拉幫結夥,搞小宗派。

子曰:"君子不以言舉人,不以人廢言。"

【今譯】

孔子說:"君子不僅根據言論推舉選拔人才,也不因某人有缺點錯誤而廢棄他的言論。"

子貢問曰:"有一言而可以終身行之

者乎?"子曰:"其'恕'乎!己所不欲,勿施于人。"

【今譯】

子貢問道:"有一個字而可以終身奉行的嗎?"孔子説:"那就是'恕'吧!自己不願意的,不要加給別人。"

子曰:"吾之于人也,誰毀誰譽[1]?如有所譽者,其有所試矣。斯民也,三代之所以直道而行也[2]。"

【今譯】

孔子説:"我對於別人,詆譽過誰?讚譽過誰?如有所讚譽,那是經過實踐考驗過的。夏商周三代如此〔大公無私地〕用民,所以能按正直之道行事。"

【注釋】

1 毀:詆毀。指稱人之惡而失其眞。 譽:讚譽,溢美。指揚人之善而過其實。

2 "斯民也"句:"斯",此,如此。"民",指用民。"三代",指夏、商、周。此句是説如此用民,無所偏私,這就是三代能按正直之道行事的原因。

子曰:"吾猶及史之闕文也[1],有馬者

借人乘之²。今亡矣夫。"

【今譯】

孔子說："〔早年〕我還能看到史官存疑的闕文，有馬的人把馬借給別人騎。〔這些〕今天沒有了啊。"

【注釋】

1 史之闕文："闕"，同"缺"。指缺疑，存疑。史官記載歷史，對於有疑問（缺乏確鑿根據）的事，缺而不錄，抱存疑態度，故有"闕文"。一說，寫史的書吏，遇到可疑的字，存疑待問，寧可把缺少的字空起來，也不創造新字，不妄以己意另寫別的字來代替。

2 借：借出，把自己的東西暫時給別人使用。句意為：有馬的人不敢自私，而願借給別人騎。一說，"借"，借助。句意為：有馬的人，不會駕馭（訓練）自己的馬，而借助善馴馬的人來調習訓練。"史闕文"與"馬借人"這兩句話，看來意義不夠連貫。有的學者推測"有馬者"句可能是衍文；也有的學者認為，這兩件事均說明古人淳厚樸實，與孔子時的人情澆薄不同，故孔子傷歎。可參。

子曰："巧言亂德。小不忍則亂大謀。"

【今譯】

孔子說："花言巧語會敗壞道德。小事上不能忍耐就會壞了大事。"

子曰:"衆惡之,必察焉;衆好之,必察焉。"

【今譯】

孔子説:"衆人都厭惡他,一定要仔細考察詳情原因;衆人都喜歡他,一定要仔細考察詳情原因。"

子曰:"人能弘道[1],非道弘人。"

【今譯】

孔子説:"人能够弘揚道,不是道能弘揚人。"

【注釋】

1 弘(hóng紅):弘揚,光大。

子曰:"過而不改[1],是謂過矣。"

【今譯】

孔子説:"有過錯而不改,這才真叫做過錯呢。"

【注釋】

1 改:改正,糾正。孔子主張:過而能改,復於無過。有些人犯錯誤,起初是無心的,只要能改,就沒有錯了;如堅持不肯改正,那才是真正的錯誤。

子曰:"吾嘗終日不食,終夜不寢,以思,無益,不如學也。"

【今譯】

孔子說:"我曾經整天的不吃飯,整夜的不睡覺,去冥思苦想,〔結果〕沒有什麼益處,還不如去學習呢。"

子曰:"君子謀道不謀食。耕也,餒在其中矣[1];學也,祿在其中矣[2]。君子憂道不憂貧。"

【今譯】

孔子說:"君子謀求學道行道,不謀求衣食。耕田,未必不挨餓;學習知識,則可以獲得俸祿。君子擔憂道〔學不成或不能行〕,不擔憂貧窮。"

【注釋】

1 餒:飢餓。
2 祿:做官的俸祿。

子曰:"知及之[1],仁不能守之,雖得之,必失之。知及之,仁能守之,不莊以蒞之[2],則民不敬。知及之,仁能守之,莊以蒞之，動之不以禮³，未善也。"

【今譯】

孔子說："依靠聰明才智得到的〔職位、政權〕，〔如果〕不能用仁德去守住它，雖然得到，也必定會失去它。依靠聰明才智得到的，能够用仁德去守住它，〔但如〕不用莊重嚴肅的態度去認真治理百姓，百姓也不會敬服。依靠聰明才智得到的，能用仁德去守住它，又能用莊重嚴肅的態度去認真對待，〔但是〕行動不符合禮義，也不能算是完善的。"

【注釋】

1　知：同"智"。聰明，才智。
2　蒞（lì 立）：到，臨。這裡指臨民，即掌握政權，治理百姓。
3　動之："動"，行動。"之"，語助詞，無義。孔子認爲，治理天下，智、仁、莊、禮，四者缺一不可，只用智，其失在蕩；只用仁，其失在寬；只用莊，其失在猛；所以必須用禮來調和。

子曰："君子不可小知而可大受也¹，小人不可大受而可小知也。"

【今譯】

孔子說："對君子，不可讓他只做小事情，而可讓他接受重大任務；對小人，不可讓他接受重大任務，而可讓他做些小事情。"

【注釋】

1 小知："知"，主持，主管。小知，即任用做小事情，管小範圍內的具體事務。一說，"知"，瞭解，識別。小知，即從小處、從任用做小事情上，去瞭解、識別。

> 子曰："民之于仁也，甚于水火，水火吾見蹈而死者矣，未見蹈仁而死者也[1]。"

【今譯】

孔子說："人民對於仁德，比對水火更急切需要；〔但是〕我見過溺水蹈火而死的，卻沒見過實踐仁德而死的。"

【注釋】

1 蹈（dǎo 島）：踏，踩，投入。引申爲追求，實行，實踐。朱熹《四書集注》說："民之于水火，所賴以生，不可一日無。其于仁也亦然。但水火外物，而仁在己。無水火，不過害人之身，而不仁則失其心。是仁有甚于水火，而尤不可以一日無者也。況水火或有時而殺人，仁則未嘗殺人，亦何憚而不爲哉？"可見本章精神在於"勉人爲仁"。

> 子曰："當仁不讓于師。"

【今譯】

孔子説:"面對着合於仁德的事,即使對老師,也不必謙讓。"

子曰:"君子貞而不諒[1]。"

【今譯】

孔子説:"君子堅定執着于正道,而不固執拘泥於講小信。"

【注釋】

1 貞:正,固守正道,恪守節操。 諒:信,守信用,固執。本章與孔子所説"言不必信,行不必果"同一意思。可參閲《子路篇第十三》第二十章。

子曰:"事君,敬其事而後其食[1]。"

【今譯】

孔子説:"事奉君主,要恭敬謹慎地辦事,而把領取俸禄的事往後放。"

【注釋】

1 食:食禄,俸禄,官吏的薪水。

子曰:"有教無類[1]。"

【今譯】

孔子説:"對誰都進行教育,不分〔貧富、智愚的〕類别。"

【注釋】

1 無類:不分類,沒有富貴貧賤、天資優劣智愚、等級地位高低、地域遠近、善惡不同等等的區别與限制。孔子提倡全民教育,希望教育所有的人而同歸於善。他的弟子中,富有的(如冉有,子貢),貧窮的(如顏回,原思),地位高的(如孟懿子爲魯國貴族),地位低的(如子路爲卞之野人),魯鈍一點的(如曾參),愚笨一點的(如高柴),各種人都有。

子曰:"道不同[1],不相爲謀。"

【今譯】

孔子説:"主張不同,不能互相謀劃商討。"

【注釋】

1 道:道路,主張,所追求的目標。

子曰:"辭達而已矣。"

【今譯】

孔子説:"言辭足以表達意思就行了。"

師冕見[1],及階,子曰:"階也。"及

席,子曰:"席也。"皆坐,子告之曰:"某在斯,某在斯。"師冕出,子張問曰:"與師言之道與?"子曰:"然,固相師之道也[2]。"

【今譯】

師冕來見孔子,走到台階邊,孔子說:"這是台階。"走到坐席邊,孔子說:"這是坐席。"大家都坐下後,孔子告訴他說:"某人在這裡,某人在那裡。"師冕走了以後,子張問:"這就是與樂師講話的方式方法嗎?"孔子說:"是的,誠然是幫助樂師的方式方法。"

【注釋】

1 師:指樂師。一般是盲人。 冕:盲人樂師的名字。
2 相:幫助,輔助。

季氏篇第十六

(共十四章)

主要記孔子論君子怎樣修身、如何以禮法治國。

季氏將伐顓臾[1]。冉有、季路見于孔子曰[2]："季氏將有事于顓臾[3]。"孔子曰："求，無乃爾是過與[4]？夫顓臾，昔者先王以爲東蒙主[5]，且在邦域之中矣，是社稷之臣也[6]。何以伐爲[7]？"冉有曰："夫子欲之[8]，吾二臣者皆不欲也。"孔子曰："求！周任有言曰[9]：'陳力就列[10]，不能者止。'危而不持，顛而不扶，則將焉用彼相矣[11]？且爾言過矣。虎兕出于柙[12]，龜玉毀于櫝中[13]，是誰之過與？"冉有曰："今夫顓臾，固而近于費[14]。今不取，後世必爲子孫憂。"孔子曰："求！君子疾夫舍曰欲之而必爲之辭[15]。丘也聞有國有家者，不患貧而患不均，不患寡而患不安[16]。蓋均無貧，和無寡，安無傾。夫如是，故遠人不服，則修文德以來之[17]。既來之，則安之。今由與求也，相夫子，遠人不服，而不能來也；邦分崩離析[18]，而不能守也；而謀動干戈于邦內。吾恐季孫之憂，不在顓臾，而在蕭牆之內也[19]。"

【今譯】

季氏將要討伐顓臾。冉有、子路去見孔子，說："季氏將對顓臾採取軍事行動。"孔子說："冉求！這難道不該歸咎於你嗎？顓臾，過去周天子曾經授權它主持東蒙山的祭祀，而且就在魯國的疆域之中，是我們魯國共安危的臣屬，爲什麼要討伐它呢？"冉有說："季孫大夫想這麼做，我們二人作爲家臣，都不想這麼做。"孔子說："冉求！周任曾有句話說：'能夠施展自己的才力，就擔任職務；實在做不到，就該辭職。'〔比如盲人〕遇到危險卻不扶持拉住他，摔倒了卻不攙扶他起來，那麼，用你這助手做什麼呢？而且你的話錯了。老虎、犀牛從關牠的籠子裡跑了出來，占卜用的龜甲、祭祀用的玉器在木匣中被毀壞了，這是誰的過錯呢？"冉有說："如今顓臾城牆堅固，而且離費邑很近。現在不佔領它，後世必然成爲子孫的禍患。"孔子說："冉求！君子厭惡那種嘴上不說'想得到它'，一定要找個藉口的人。我聽說過，對於擁有國家的諸侯和擁有采邑的大夫，擔心的不是貧窮，而是分配不均；擔心的不是人少，而是社會不安定。因爲財富分配均勻了,就無所謂貧窮;國內和睦團結了,就不顯得人少勢弱;社會安定了,國家就沒有傾覆的危險。要是這樣做了,遠方的人還不歸服,便提倡仁義禮樂道德教化,以招徠他們。〔遠方的人〕已經來了,就使他安心住下來。現在仲由、冉求你們二人輔佐季康子,遠處的人不歸服,而不能招徠他們;國家四分五裂,而不能保全;反而打算在國境之内使用武力。我只怕季孫氏的憂患,不在顓臾,而在於宮殿的門屛之内呢。"

【注釋】

1 季氏:即季孫氏,指季康子,名肥。魯國大夫。顓臾(zhuān yú 專魚):附屬於魯國的一個小國,子爵。故城在今山東省費縣西北八十里。

2 冉有、季路:孔子弟子。冉有即冉求,字子有,也稱冉有。季路即仲由,字子路,因仕於季氏,又稱季路。

3 有事:這裡指施加武力,採取軍事行動。

4 無乃:豈不是,恐怕是,難道不是。

5 先王:魯國的始祖周公(姬旦),係周武王(姬發)之弟,故這裡稱周天子爲先王。 東蒙主:謂主祭東蒙山。"東蒙",即蒙山。因在魯國東部,故稱東蒙。在今山東省蒙陰縣南四十里,與費縣連接。"主",主持祭祀。

6 社稷之臣:國家的重臣。

7 何以伐爲:"何以",以何,爲什麼。"爲",語氣助詞。相當於"呢"。爲什麼要討伐他呢?

8 夫子:古時對老師、長者、尊貴者的尊稱。這裡指季康子。

9　周任：周朝有名的史官。

10　陳力：發揮、盡量施展自己的才力。　就列：走上當官的行列，擔任職務。

11　相：輔佐，幫助。古代扶引盲人的人叫"相"。引申爲助手。

12　兕（sì 四）：古代犀牛類的野獸。或說即雌犀牛。柙（xiá 俠）：關猛獸的木籠子。

13　櫝（dú 毒）：木製的櫃子，匣子。

14　費（bì 畢）：季氏的采邑。在今山東省費縣西南，有費城。顓臾與費邑相距僅七十里，故說"近於費"。

15　疾：厭惡，痛恨。　辭：托辭，藉口。

16　"不患貧"句：原爲"不患寡而患不均，不患貧而患不安"，清代俞樾《羣經平議》以爲"寡"當作"貧"，"貧"當作"寡"。《春秋繁露·度制》和《魏書·張普惠傳》引此文，都是"不患貧而患不均，不患寡而患不安"。據改。朱熹說："均，謂各得其份；安，謂上下相安。"

17　來：通"徠"。招徠，吸引，使其感化歸服。

18　分崩離析："崩"，倒塌。"析"，分開。形容集團、國家等分裂瓦解，不可收拾。當時魯國不統一，四分五裂，被季孫、孟孫、叔孫三大貴族所分割。

19　蕭牆之內："蕭牆"，宮殿當門的小牆，或稱"屛"。古代臣子進見國君，至屛而肅然起敬，故稱"蕭牆"。"蕭"、"肅"古字通。這裡用"蕭牆"，借指宮內。當時魯國的國君魯哀公名義上在位，實際上政權被季康子把持；這樣發展下去，一旦魯君不能容忍，必起內亂。故孔子含蓄地說了這話。

孔子曰："天下有道，則禮樂征伐自天子出；天下無道，則禮樂征伐自諸侯出。自諸侯出,蓋十世希不失矣[1];自大夫出,五世希不失矣;陪臣執國命[2],三世希不失矣。天下有道,則政不在大夫。天下有道,則庶人不議。"

【今譯】

孔子說:"天下有道,制禮作樂,軍事征伐,由天子作決定;天下無道,制禮作樂,軍事征伐,由諸侯作決定。由諸侯作決定,大概傳十代就很少有不喪失政權的;由大夫作決定,傳五代就很少有不喪失政權的;由卿、大夫的家臣來掌握國家的命運,傳上三代就很少有不喪失政權的。天下有道,國家政權不會落在大夫手裡。天下有道,黎民百姓就不議論朝政了。"

【注釋】

1 "十世"句:"世",代。"十世",即十代。朱熹說:"先王之制,諸侯不得變禮樂,專征伐。""逆理愈甚,則其失之愈速。"因爲天下無道,天子無實權,才會形成"禮樂征伐自諸侯出"的局面;再混亂,就會到"自大夫出"、"陪臣執國命"的地步。這樣的政權當然不會鞏固。"十世"及後面的"五世"、"三世"均爲約數,只是說明逆理愈甚,則失之愈速。這也是孔子對當時各國政權變動實況進行觀察研究而得出的結論。　希:同"稀"。少有。

2 陪臣:卿、大夫的家臣。

孔子曰："禄之去公室五世矣[1],政逮于大夫四世矣[2],故夫三桓之子孙微矣[3]。"

【今译】

孔子说："〔鲁国的国君〕失去国家政权有五代了,政权落在大夫〔季孙氏〕手里有四代了,所以,三桓的子孙就衰微了。"

【注释】

1　禄:爵禄。这里代指国家政权。　公室:指鲁国朝廷。　五世:五代。公元前608年,鲁文公死,大夫东门遂(襄仲)杀嫡长子子赤而立宣公,掌握了鲁国政权。宣公死,政权实际上落在季氏手中。到孔子说这段话时,已又经鲁成公、鲁襄公、鲁昭公,到鲁定公,共五代。

2　逮:及,到。　四世:公元前591年,鲁宣公死,季文子驱逐了东门氏,此后,由季氏为正卿,掌握了鲁国政权。从文子,经武子、平子、桓子,到孔子说这段话时,正为四代。

3　三桓:即鲁国的"三卿":季孙氏,叔孙氏,孟孙(即仲孙)氏。因这三家都是鲁桓公的后代,故称"三桓"。这三家一直掌握鲁国政权,到鲁定公时,曾出现"陪臣执国命"的局面,三桓势力一度衰弱。

孔子曰："益者三友,损者三友。友直,友谅[1],友多闻,益矣。友便辟[2],友善柔[3],友便佞[4],损矣。"

【今譯】

孔子説:"有益的朋友有三種,有害的朋友也有三種。與正直的人交友,與誠信的人交友,與見聞學識廣博的人交友,是有益的。與習於歪門邪道的人交友,與善於阿諛奉承的人交友,與慣於花言巧語的人交友,是有害的。"

【注釋】

1 諒:誠實。
2 便辟(pián pi 蹁僻):習於擺架子裝樣子,內心卻邪惡不正。
3 善柔:善於阿諛奉承,內心卻無誠信。
4 便佞(pián ning 蹁濘):善於花言巧語,而言不符實。

孔子曰:"益者三樂,損者三樂。樂節禮樂,樂道人之善,樂多賢友,益矣。樂驕樂,樂佚游[1],樂宴樂,損矣。"

【今譯】

孔子説:"有益的快樂有三種,有損的快樂也有三種。以得到禮樂的調節陶冶爲快樂,以稱道別人的優點好處爲快樂,以多交賢德的友人爲快樂,是有益處的。以驕奢放肆爲快樂,以閒佚遊蕩爲快樂,以宴飲縱慾爲快樂,是有損害的。"

【注釋】

1 佚:同"逸"。安閒,休息。

孔子曰:"侍於君子有三愆[1]:言未及之而言謂之躁,言及之而不言謂之隱[2],未見顏色而言謂之瞽[3]。"

【今譯】

孔子說:"侍奉君子容易有三種過失:〔君子〕還未說到,〔你〕就先說了,叫做急躁;〔君子〕已經說到,〔你〕還不說,叫做隱瞞;不看〔別人〕臉色而貿然說話,叫做瞎子。"

【注釋】

1 愆(qiān千):過失,差錯,失誤。
2 隱:隱瞞,有意緘默。
3 瞽(gǔ古):雙目失明,盲人。這裡比喻不能察言觀色,說話不看時機就如盲人一樣。

孔子曰:"君子有三戒:少之時,血氣未定[1],戒之在色;及其壯也,血氣方剛,戒之在鬥;及其老也,血氣既衰,戒之在得[2]。"

【今譯】

孔子說:"君子有三件事要警惕戒備:年輕

時，血氣還不成熟，要警惕貪戀女色；到了壯年時，血氣正旺盛，要警惕爭強好鬥；到了老年時，血氣已經衰弱，要警惕貪得無厭。"

【注釋】
1 未定：未成熟，未固定。
2 得：泛指對於名譽、地位、錢財、女色等等的貪慾、貪求。

　　子曰："君子有三畏[1]：畏天命，畏大人[2]，畏聖人之言。小人不知天命而不畏也，狎大人[3]，侮聖人之言。"

【今譯】
　　孔子說："君子有三畏：敬畏天命，敬畏在高位的人，敬畏聖人的話。小人不知天命而不畏，不尊重在上位的人，蔑視聖人的話。"

【注釋】
1 畏：怕。這裡指心存敬畏，敬服。要時時處處注意修身誡己，有敬慎之心。
2 大人：在高位的貴族、官僚。
3 狎（xiá 俠）：狎侮，輕慢，不尊重。

　　孔子曰："生而知之者，上也；學而知之者，次也；困而學之，又其次也；困而不學，民斯爲下矣。"

【今譯】

孔子說："生來就有知識，是上等；經過學習而有知識是次一等；遇到困難然後學習，是再次一等；遇到困難還不學習，這樣的百姓就是下等了。"

> 孔子曰："君子有九思：視思明，聽思聰，色思溫，貌思恭，言思忠，事思敬，疑思問，忿思難[1]，見得思義。"

【今譯】

孔子說："君子在九個方面多用心考慮：看，考慮是否看得清楚；聽，考慮是否聽得明白；臉色，考慮是否溫和；態度，考慮是否莊重恭敬；說話，考慮是否忠誠老實；做事，考慮是否認真謹慎；有疑難，考慮應該詢問請教別人；發火發怒，考慮是否會產生後患；見到財利，考慮是否合於仁義。"

【注釋】

1 難（nàn 南去聲）：這裡指發怒可能帶來的災難、留下的後患。

孔子曰："見善如不及，見不善如探湯[1]。吾見其人矣，吾聞其語矣。隱居以求其志，行義以達其道[2]。吾聞其語矣，未見其人也。"

【今譯】

孔子說："看見善的〔就努力追求〕，如同怕自己趕不上似的；看見邪惡，如同把手伸進開水〔要趕快避開〕。我見過這種人，我聽過這種話。以隱居來求得保全自己的志向，以實行仁義來貫徹自己的主張。我聽過這種話，沒見過這種人。"

【注釋】

1 探湯："湯"，開水，熱水。把手伸到滾燙的水裡。指要趕緊躲避開。
2 達：達到，全面貫徹。

齊景公有馬千駟[1]，死之日，民無德而稱焉。伯夷、叔齊餓于首陽之下[2]，民到于今稱之。（誠不以富，亦只以異。）[3] 其斯之謂與。

【今譯】

齊景公有四千匹馬，死的時候，人民認爲他沒有什麼美德可稱頌。伯夷、叔齊餓死在首陽山下，但人民到現在還稱頌他們。(這實在不是因爲富或不富，也只是因爲品德行爲的不同。)說的就是這個意思吧。

【注釋】

1 千駟：古代一輛車套四匹馬，駟就是四匹馬的統稱。千駟就是四千匹馬。作爲諸侯而有馬千駟，在當時是豪侈而越制的。

2 首陽：首陽山。又稱雷首山，獨頭山。在今山西省運城(一說永濟)縣南，爲當年伯夷叔齊採薇隱居處。南山有古冢，松柏茂盛，傳說即伯夷叔齊的墓。關於伯夷、叔齊，已見前《公冶長篇第五》第二十三章注，可參閱。

3 "誠不"句：這兩句原在《顏淵篇第十二》第十章中。有人說應加在這裡，與後句"其斯之謂與"銜接。姑按前人之說，加括號補入。注詳見《顏淵篇第十二》。

陳亢問于伯魚曰[1]："子亦有異聞乎？"對曰："未也。嘗獨立，鯉趨而過庭[2]。曰：'學《詩》乎？'對曰：'未也。''不學《詩》無以言。'鯉退而學《詩》。他日，又獨立，鯉趨而過庭。曰：'學禮乎？'對曰：'未也。''不學禮，無以立。'鯉退而學禮。聞斯二者。"陳亢退而喜曰："問一得三，聞《詩》，聞禮，又聞君子之遠其子也[3]。"

【今譯】

陳亢問伯魚："您〔從老師那裡〕聽到過什麼特別不同的教導嗎？"〔伯魚〕回答："沒有。有一天，〔我父親〕一個人站在那裡，我快步經過庭院。〔父親〕問：'學過《詩經》嗎？'〔我〕回答：'沒有。'〔父親說：〕'不學《詩經》，〔在社會交往中〕就不會說話。'我回去就學《詩經》。又一天，〔父親〕又一個人站在那裡，我快步經過庭院。〔父親〕問：'學過禮嗎？'〔我〕回答：'沒有。'〔父親說：〕'不學禮，〔在社會上做人做事〕不能立足。'我回去就學禮。〔我〕只聽說過這兩件事。"陳亢回去高興地說："問了一件事，得到三個收穫：聽到學《詩經》的意義，聽到學禮的好處，又聽到君子並不偏向自己的兒子。"

【注釋】

1　陳亢：字子禽。參閱《學而篇第一》第十章注。伯魚：孔子的兒子，名鯉，字伯魚。

2　趨：小步快速而行，以示恭敬。

3　遠：遠離，避開，不親近。這裡指對自己的兒子不偏向，沒有偏愛，沒有特殊照顧和過分關照。

邦君之妻[1]，君稱之曰夫人，夫人自稱曰小童[2]；邦人稱之曰君夫人，稱諸異邦曰寡小君[3]；異邦人稱之亦曰君夫人。

【今譯】

　　國君的妻子，國君稱她爲"夫人"，夫人自己〔謙〕稱"小童"；國內的人稱她爲"君夫人"，在其他國家的人面前〔謙〕稱她爲"寡小君"；其他國家的人也稱呼她"君夫人"。

【注釋】

1　邦君：指諸侯國的國君。
2　小童：謙稱。猶說自己無知如童子。
3　諸："之于"的合音。

陽貨篇第十七

(共二十六章)

主要記孔子教育弟子講究仁德,闡發以禮樂治國的道理。

陽貨欲見孔子[1],孔子不見,歸孔子豚[2]。孔子時其亡也[3],而往拜之。遇諸涂[4]。謂孔子曰:"來!予與爾言。"曰:"懷其寶而迷其邦[5],可謂仁乎?"曰:"不可。""好從事而亟失時[6],可謂知乎[7]?"曰:"不可。""日月逝矣,歲不我與[8]。"孔子曰:"諾,吾將仕矣。"

【今譯】

陽貨想讓孔子去拜見他,孔子不去見,他便贈送給孔子一隻〔蒸熟的〕小豬。孔子暗中打聽到陽貨不在家,才去回拜他。兩人卻在途中遇見了。陽貨對孔子說:"過來!我有話對你說。"〔孔子近前,陽貨〕說:"把自己的寶物藏在懷裡,而聽任國家迷亂,這樣做可以稱爲仁嗎?"〔孔子〕說:"不可以。"〔陽貨又說:〕"喜歡參與政事而又屢次錯過機會，可以稱爲智嗎？"〔孔子〕說："不可以。"〔陽貨又說：〕"時間消逝了，年歲是不等待人的。"孔子說："好吧，我將要去做官了。"

【注釋】

1 陽貨：又名陽虎，楊虎。魯國季氏的家臣。曾一度掌握了季氏一家的大權，甚而掌握了魯國的大權，是孔子說的"陪臣執國命"的人物。陽貨爲了發展自己的勢力，極力想拉孔子給他做事。但孔子不願隨附於陽貨，故採取設法迴避的態度。後陽貨因企圖消除三桓未成而逃往國外，孔子最終也未仕於陽貨。

2 歸：同"饋"。贈送。 豚（tún 屯）：小豬。這裡指蒸熟了的小豬。按照當時的禮節，地位高的人贈送禮物給地位低的人，受贈者如果不在家，沒能當面接受，事後應當回拜。因爲孔子一直不願見陽貨，陽貨就用這種辦法，想以禮節來逼迫孔子去回拜。

3 時：同"伺"。意指窺伺，暗中打聽，探聽消息。亡：同"無"。這裡指不在家。

4 涂：同"途"。途中，半道上。

5 迷其邦：聽任國家迷亂，政局動蕩不安。

6 亟（qì 氣）：副詞。屢次。

7 知：同"智"。

8 歲不我與：即"歲不與我"，年歲不等待我。"與"，在一起。這裡有等待意。

> 子曰："性相近也¹，習相遠也²。"

【今譯】

孔子説："人的本性是相近的，由於環境影響的不同才相距甚遠了。"

【注釋】

1　性：人的本性，性情，先天的智力、氣質。
2　習相遠：指由於社會影響，所受教育不同，習俗、習氣的沾染有別，人的後天的行為習慣會有很大差異。這裡孔子是勉勵人為學，通過學習提高自己的修養。

子曰："唯上知與下愚不移[1]。"

【今譯】

孔子説："只有最上等的有智慧的人和最下等的愚笨的人是不可改變的。

【注釋】

1　知：同"智"。　不移：不可移易、改變。

子之武城[1]，聞弦歌之聲。夫子莞爾而笑[2]，曰："割雞焉用牛刀？"子游對曰："昔者偃也聞諸夫子曰[3]：'君子學道則愛人，小人學道則易使也。'"子曰："二三子，偃之言是也。前言戲之耳[4]。"

【今譯】

孔子到了武城，聽見彈琴唱歌的聲音。孔子

微笑,説:"殺鷄何必用宰牛的刀呢?"子游接過話茬説:"過去我聽老師説:'在上位的人學了道,就能惠愛百姓;一般老百姓學了道,就容易役使了。'"孔子〔對隨從的弟子〕説:"諸位,言偃説的話是對的。〔我〕剛才説的話不過是開玩笑罷了。"

【注釋】

1 武城:魯國的一個小城邑。在今山東省嘉祥縣境。一説,指南武城,在今山東省費縣西南。公元前554年,魯襄公築武城以禦齊。另説,即城武縣,在今山東省菏澤市西北七十里,有弦歌里。當時,言偃(子游)任武城行政長官。
2 莞(wǎn晚)爾:微笑的樣子。
3 諸:"之於"的合音。
4 戲:開玩笑,逗趣。

公山弗擾以費畔¹,召,子欲往。子路不説,曰:"末之也已²,何必公山氏之之也³?"子曰:"夫召我者,而豈徒哉?如有用我者,吾其爲東周乎⁴!"

【今譯】

公山弗擾據費邑叛亂,召請〔孔子〕,孔子想去。子路很不高興,説:"没有可去的地方就算了,何必非去公山氏那裏呢?"孔子説:"召我去的人,難道會讓我白去嗎?如果有人用我,我就要在東方復興周公之道啊!"

【注釋】

1 公山弗擾:疑即《左傳》定公五年、八年、十二年及哀公八年提到的公山不狃(niǔ 扭)。季氏家臣,後據費邑叛季氏,失敗後逃亡齊國,又奔吳。 畔:同"叛"。

2 末之也已:沒有可去的地方就算了。"末",沒有。"之",去,往。"已",止,算了。

3 "何必"句:何必非去公山氏那個地方呢?句中第一個"之"是助詞,起把賓語提前的語法作用。第二個"之"是動詞,去,往。

4 "吾其"句:孔子此句意為:將要在東方建立起一個西周式的社會,使文王武王之道重現於東方。關於此章所說孔子擬應公山弗擾之召事,許多學者提出質疑:一,《左傳·定公十二年》記公山不狃叛魯之事,並無召請孔子的記載,且當時孔子正任魯國司寇,還派兵打敗了公山不狃。二,依本章所記,孔子顯有"助叛"之嫌,這與孔子的一貫主張不符。史實究竟如何,已不可確考。

子張問仁于孔子。孔子曰:"能行五者于天下,爲仁矣。""請問之。"曰:"恭,寬,信,敏,惠。恭則不侮,寬則得眾,信則人任焉,敏則有功,惠則足以使人。"

【今譯】

子張向孔子問怎樣做到仁。孔子説："能在天下實行這五項，就是仁了。"〔子張説：〕"請問哪五項？"〔孔子〕説："莊重，寬厚，守信，勤敏，慈惠。恭敬莊重，就不會受到侮慢；寬厚，就能獲得衆人擁護；守信，就能得到別人的任用；勤敏，就能取得成功；慈惠，就能更好地役使別人。"

佛肸召¹，子欲往。子路曰："昔者由也聞諸夫子曰：'親于其身爲不善者，君子不入也。'佛肸以中牟畔²，子之往也，如之何？"子曰："然，有是言也。不曰堅乎，磨而不磷³？不曰白乎，涅而不緇⁴？吾豈匏瓜也哉⁵？焉能繫而不食？"

【今譯】

佛肸召請，孔子想去。子路説："從前我聽老師説過：'親身做壞事的人那裡，君子是不去的。'佛肸據中牟叛亂，您要去，爲什麽？"孔子説："是的，我説過這話。〔但是〕不是説堅硬的東西，磨也磨不薄嗎？不是説潔白的東西，染也染不黑嗎？我難道是個匏瓜嗎？怎麽能只掛在那裡而不給人吃呢？"

【注釋】

1 佛肸（bì xī 畢西）：晉國大夫范中行的家臣，是中牟城的行政長官。公元前490年，晉國趙簡子攻打范氏，包圍中牟，佛肸抵抗。佛肸召請孔子，就在這時（事見《左傳·哀公五年》）。

2 中牟：晉國地名，約在今河北省邢台市和邯鄲市之間。一說，在今河南省鶴壁市西，古代牟山之側。
畔：同"叛"。

3 磷（lìn 吝）：本義是薄石。引申爲把石頭磨薄，使其受到磨損。

4 涅（niè 聶）：一種礦物，也叫"皂礬"，古代用作黑色染料。這裡用作動詞，染黑。　緇（zī 滋）：黑色。

5 匏（páo 袍）瓜：葫蘆的一種，果實比一般葫蘆大。老後中空輕於水，可繫於腰助人渡河泅水；或可對半剖開，做水瓢舀水用。

> 子曰："由也，女聞六言六蔽矣乎¹？"對曰："未也。""居²！吾語女。好仁不好學，其蔽也愚；好知不好學³，其蔽也蕩⁴；好信不好學，其蔽也賊⁵；好直不好學，其蔽也絞⁶；好勇不好學，其蔽也亂；好剛不好學，其蔽也狂。"

【今譯】

孔子說："仲由，你聽說過六個字〔的德行〕，會有六種弊病嗎？"〔子路起身〕回答："沒有。"

311

〔孔子説:〕"坐下！我告訴你。愛好仁德卻不好學習，其弊病是愚蠢；愛好聰明卻不好學習，其弊病是放蕩；愛好誠實卻不好學習，其弊病是傷害自己和親人；愛好直率卻不好學習，其弊病是説話尖刻刺人；愛好勇敢卻不好學習，其弊病是容易鬧亂子闖禍；愛好剛強卻不好學習，其弊病是狂妄。"

【注釋】

1 女：同"汝"。你。 六言：六個字，即文中的仁、知、信、直、勇、剛等德行的六個方面。 蔽：通"弊"。弊病，害處。

2 居：坐。

3 知：同"智"。

4 蕩：放蕩不羈。

5 賊：害，傷害。這裡指容易給自己和親人帶來傷害。

6 絞：説話尖酸刻薄，不通情理。

子曰："小子何莫學夫《詩》？《詩》可以興[1]，可以觀[2]，可以羣[3]，可以怨[4]；邇之事父[5]，遠之事君；多識于鳥獸草木之名。"

【今譯】

孔子説："弟子們何不學習《詩經》呢？《詩經》可以激發人的意志和感情，可以提高觀察能力,可以合羣,可以抒發怨恨不平;近可以事奉父母,遠可以事奉君主;還可以多認識鳥獸草木的名字。"

【注釋】

1　興:本義是興起,發動。這裡指激發人的意志和感情。好的詩歌都是有感而發的,讀之可以使人受到感動,而興發愛憎的感情,在潛移默化中陶冶情操。

2　觀:本義是觀察,觀看。這是指提高人的觀察能力。《詩經》的內容豐富,題材多樣,歷史上的政治得失、現實生活的狀況,乃至各國各地的風俗民情、自然風物等在詩中都有反映。讀詩可以豐富知識,從而相應地提高觀察能力。

3　羣:使合羣。詩離不開寫人,多讀詩就可以更深切地瞭解人,懂得如何與人相處、相交,培養鍛煉人的合羣的本領。

4　怨:怨恨。《詩經》中有不少怨刺詩,表達對現實的憤懣,抒發人們心中的不平,諷刺不合理的社會現象。讀了以後,可以學會用諷刺的方法,用正當的宣洩,來表達心中怨恨不平的感情。

5　邇(ěr耳):近。

> 子謂伯魚曰:"女爲《周南》《召南》矣乎[1]?人而不爲《周南》《召南》,其猶正墙面而立也與[2]!"

【今譯】

孔子對伯魚說:"你學了《周南》《召南》了

嗎？人如果不學《周南》《召南》，就好像面對墻壁站着啊！"

【注釋】

1 爲：本義是做。這裡指學習。 周南，召(shào 哨)南：《詩經》十五國風中的第一、第二兩部份。本爲地名，"周南"約在漢水流域東部，今陝西、河南之間直到湖北。"召南"約在漢水流域西部，今河南、湖北之間。這兩個地域收集在《詩經》中的民歌，就叫《周南》《召南》。孔子認爲《周南》《召南》中有許多修身齊家的道理，故提倡學習，並加以重視。

2 "其猶"句："止"，對着。就好像面對着牆壁站着。比喻被阻擋而無法向前，一物無所見，一步不可行。一說，《周南》《召南》中的詩，多用於鄉樂，是眾人合唱的，不用來獨誦。如果一個人不會《周南》《召南》，那就得獨自保持沉默，雖在合唱的人羣之中，也像面對着牆壁而孤立一般。

　　子曰："禮云禮云，玉帛云乎哉[1]？樂云樂云，鐘鼓云乎哉[2]？"

【今譯】

孔子説："禮呀禮呀，只是指玉帛之類的禮器嗎？樂呀樂呀，只是指鐘鼓之類的樂器嗎？"

【注釋】

1 玉帛：指古代舉行禮儀時使用的玉器、絲帛等禮器、禮品。

2　鐘鼓：古代樂器。朱熹說："敬而將之以玉帛，則爲禮；和而發之以鐘鼓，則爲樂。"這說明禮樂之可貴在於在百姓中提倡"敬"、"和"。如果只是在形式上擺玉帛、敲鐘鼓，而忽略了它的深刻的內容，那就失去了禮樂本來的意義與作用。

> 子曰："色厲而內荏[1]，譬諸小人，其猶穿窬之盜也與[2]！"

【今譯】

孔子說："外表神色嚴厲而內心怯懦虛弱，以小人來作比喻，就像是挖墻洞爬墻頭行竊的盜賊吧！"

【注釋】

1　色厲內荏：外貌似乎剛強威嚴，而內心卻柔弱怯懼。"色"，神色，臉色，外表的樣子。"荏（rěn忍）"，軟弱，怯懦，虛弱。

2　穿：挖，透，破。　窬（yú魚）：洞，窟窿。從牆上爬過去也叫窬。

> 子曰："鄉愿[1]，德之賊也[2]。"

【今譯】

孔子說："所謂'鄉愿'，是敗壞道德的人。"

【注釋】

1 鄉愿:特指當時社會上那種不分是非,同於流俗,言行不一,偽善欺世,處處討好,誰也不得罪的鄉里中以"謹厚老實"爲人稱道的"老好人"。孔子尖銳地指出:這種"鄉愿",言行不符,實際上是似德非德而亂乎德的人,乃德之"賊"。世人對之不可不辨。而後,孟子更清楚地說明這種人乃是"同乎流俗,合乎污世"的人。雖然表面上看,是個對鄉人全不得罪的"好好先生",其實,他抹煞了是非,混淆了善惡,不主持正義,不抵制壞人壞事,全然成爲危害道德的人(見《孟子·盡心下》)。"愿",謹厚,老實。

2 賊:敗壞,侵害,危害。

子曰:"道聽而涂説¹,德之棄也。"

【今譯】

孔子説:"聽到傳聞不加考證而隨意傳播,從道德來講,是應當抛棄的。"

【注釋】

1 "道聽"句:在道上聽到的不可靠的傳聞,途中又向別人傳說。"涂",同"途"。

子曰:"鄙夫可與事君也與哉¹?其未得之也,患得之²。既得之,患失之。苟患失之,無所不至矣³。"

【今譯】

孔子説：“與品德惡劣的人怎麽可以一起事奉君主呢？他没得到官位、富貴時，總怕得不到。既得到了，又怕失掉。假如老怕失掉官位、富貴，那就無論什麽事都做得出來了。"

【注釋】

1 鄙夫：鄙陋、庸俗、道德品質惡劣的人。
2 患得之：實際上是"患不能得之"的意思。"患"，怕，擔心。
3 無所不至：無所不用其極，無所不爲。

子曰："古者民有三疾[1]，今也或是之亡也[2]。古之狂也肆，今之狂也蕩；古之矜也廉[3]，今之矜也忿戾[4]；古之愚也直，今之愚也詐而已矣。"

【今譯】

孔子説："古代的百姓有三種毛病，現在，或者連那樣的毛病也没有了。古代狂妄的人不過有些放肆直言，不拘小節，現在狂妄的人卻是放蕩越禮，毫無顧忌了；古代驕傲的人不過是持守過嚴，不可觸犯他，現在驕傲的人卻是忿怨乖戾，蠻横無理了；古代愚笨的人不過頭腦有些簡單直率，現在愚笨的人卻是明目張膽地虚僞欺詐罷了。"

【注釋】

1 疾:本義是病。這裡指氣質上的缺點。由於世風日下,今人的缺點毛病也無法同古人的缺點毛病相比了。古人氣質上有缺點的尚且樸實可貴,今人則變得更加道德低下,風俗日衰了。

2 亡:同"無"。

3 矜(jīn 金):驕傲,自尊自大。 廉:本義是器物的棱角。這裡引申為不可觸犯,碰不得,惹不得。

4 忿戾(lì 利):兇惡好爭,蠻橫無理。

子曰:"巧言令色,鮮矣仁[1]。"

【今譯】

孔子說:"花言巧語,一副和氣善良的臉色,這種人是很少有仁德的。"

【注釋】

1 本章與《學而篇第一》第三章重複。可參閱。

子曰:"惡紫之奪朱也[1],惡鄭聲之亂雅樂也,惡利口之覆邦家者。"

【今譯】

孔子說:"〔我〕厭惡用紫色頂替紅色,厭惡用鄭國的音樂擾亂雅樂,厭惡以巧言善辯的嘴巴來傾覆國家的人。"

【注釋】

1 惡（wù 務）：厭惡，討厭。　紫之奪朱："奪"，強行取得，取代，頂替。"朱"，大紅色。古代傳統稱爲正色。紫是紅色和藍色混合而成的顏色，雖與紅色接近，然而不是正色而是雜色。但在春秋時期，史載魯桓公和齊桓公都喜歡穿紫色衣服，可見那時紫色已取代了朱色的傳統地位，連諸侯的衣服都以紫色爲正色了。而孔子認爲：朱色的光彩與地位不應被紫色所奪去。

　　子曰："予欲無言。"子貢曰："子如不言，則小子何述焉？"子曰："天何言哉？四時行焉[1]，百物生焉。天何言哉？"

【今譯】

孔子說："我想不說話了。"子貢說："您如果不說話，那麼弟子們還傳述什麼呢？"孔子說："天何嘗說話呢？四季照樣運行不息，各種動植物照樣發育生長。天何嘗說話呢？"

【注釋】

1 四時：指春、夏、秋、冬四季。

　　孺悲欲見孔子[1]，孔子辭以疾。將命者出戶[2]，取瑟而歌，使之聞之。

【今譯】

孺悲想見孔子,孔子推辭說有病。傳話的人出了門,〔孔子〕拿過瑟來又彈又唱,〔故意〕讓孺悲聽到。

【注釋】

1 孺悲:魯國人。魯哀公曾派孺悲向孔子學習士喪禮。孔子這次爲何不願見孺悲,原因不明。
2 將命者:傳話的人。

宰我問:"三年之喪,期已久矣¹。君子三年不爲禮,禮必壞;三年不爲樂,樂必崩。舊穀既没,新穀既升,鑽燧改火²,期可已矣³。"子曰:"食夫稻⁴,衣夫錦,于女安乎⁵?"曰:"安。""女安,則爲之!夫君子之居喪,食旨不甘⁶,聞樂不樂⁷,居處不安⁸,故不爲也。今女安,則爲之!"宰我出,子曰:"予之不仁也!子生三年,然後免于父母之懷。夫三年之喪,天下之通喪也。予也有三年之愛于其父母乎⁹?"

【今譯】

宰我問:"父母去世,子女守孝三年,期限太久了。君子三年不講習禮儀,禮儀必然荒廢敗壞;三年不演奏音樂,音樂必然生疏忘記。舊穀子已吃完，新穀子已上場，取火用的木料也都輪了一遍，守孝一周年就可以了。"孔子說："〔父母去世還不滿三年〕你便吃大米飯，穿錦綢緞，你心安嗎？"〔宰我〕說："〔我〕心安。"〔孔子說：〕"你心安，就這樣做吧！君子居喪守孝，吃美味不覺香甜，聽音樂不覺快樂，住好房子不覺安適，所以不那樣做。如今你心安，就去做吧！"宰我出去後，孔子說："是宰予的不仁啊！孩子生下三年之後，才能脫離父母的懷抱。為父母守孝三年，是天下通行的喪禮。宰予是不是也有三年的愛心報答於他的父母呢？"

【注釋】

1　期：時間，期限。

2　鑽燧改火："燧（suì 歲）"，木燧，古代鑽木取火的工具。古人鑽木取火，所用的木料四季不同。春天用榆柳，孟夏與仲夏用棗杏，季夏用桑柘，秋天用柞楢，冬天用槐檀。各種木料一年輪用一遍，第二年按上年的次序依次取用，叫"改火"。鑽燧改火，即指過了一年。

3　期：指一周年。

4　食夫稻："夫"，指示代詞。這，那。古代水稻的種植面積很小，大米是很珍貴的糧食，居喪者更不宜食。因按禮，"父母之喪，既殯，食粥，粗衰。既葬，疏食，水飲，受以成布。期而小祥，始食菜果……。"（朱熹《四書集注》）

5　女：同"汝"。你。

6　旨：美味，好吃的食物。

7　樂：第一個"樂"，指音樂。第二個"樂"，指快樂。

8　居處：指住在平時所住的好房子裡。古代守孝，應在父母墳墓附近搭一個臨時性的草棚子或住茅草房,睡在地下草苫上,以表示不忍心住在安適的屋子裡。

9 "予也"句:"于",給,與。一說,"于",自,從。則此句意爲:難道宰予沒從父母那裡得到過三年的愛護撫育嗎?

> 子曰:"飽食終日[1],無所用心,難矣哉!不有博弈者乎[2]?爲之,猶賢乎已[3]。"

【今譯】

孔子說:"飽食終日,無所用心,〔這種人〕真難辦啊!不是有擲彩下棋的遊戲嗎?下下棋,也比什麼都不幹要好些。"

【注釋】

1 終日:整天。
2 博:古代一種棋局遊戲,用六箸十二棋爲博具,以爭輸贏。 弈(yì義):圍棋。
3 賢:好,勝過,超過。 已:止。指什麼都不幹。

> 子路曰:"君子尚勇乎?"子曰:"君子義以爲上。君子有勇而無義爲亂,小人有勇而無義爲盜。"

【今譯】

子路問道:"君子崇尚勇敢嗎?"孔子說:"君

子以爲義是最高尚的。君子有勇而無義，就會犯上作亂；小人有勇而無義，就會做強盜。"

子貢曰："君子亦有惡乎？"子曰："有惡。惡稱人之惡者，惡居下流而訕上者[1]，惡勇而無禮者，惡果敢而窒者[2]。"曰："賜也亦有惡乎？""惡徼以爲知者[3]，惡不孫以爲勇者[4]，惡訐以爲直者[5]。"

【今譯】

子貢問道："君子也有所厭惡嗎？"孔子說："有厭惡。厭惡專好稱揚散播別人壞處的人，厭惡身居下位而誹謗上位的人，厭惡恃強勇敢而無禮的人，厭惡果決敢爲而固執不通事理的人。"〔孔子又〕說："端木賜呀，你也有所厭惡嗎？"〔子貢說：〕"厭惡竊取抄襲〔別人的知識成果〕卻自以爲聰明的人，厭惡不謙遜卻自以爲勇敢的人，厭惡揭發攻擊別人卻自以爲正直的人。"

【注釋】

1 流：據清乾隆年間經學大家惠棟《九經古義》和清嘉慶年間學者馮登府《論語異文考證》，"流"字衍。晚唐以前的《論語》版本中無"流"字，至宋代，才有此衍誤。訕（shàn 善）：誹謗，譏諷，詆譭。以言毀人稱謗，在下謗上稱訕。

2 窒（zhì 志）：阻塞，不通。引申爲固執，頭腦僵化，頑固不化。

3 徼（jiāo 交）：抄襲，竊取，剽竊他人的知識成果（如言論，學問，見解，做出的成績等）。一說，私察他人之言行動靜，而自作聰明，假以爲知。知：同"智"。

4 孫：同"遜"。

5 訐（jié 傑）：攻擊別人的短處，揭發別人的隱私。

　　子曰："唯女子與小人爲難養也[1]，近之則不孫[2]，遠之則怨。"

【今譯】

孔子説："唯獨女子和小人是難以相處的。親近他，就無禮；疏遠他，就怨恨。"

【注釋】

1 養：供養，共同相處。這裡主要指的是對婢妾，對僕隸下人，故用"養"字。

2 不孫：指不恭順，不守規矩，放肆無禮。"孫"，同"遜"。

　　子曰："年四十而見惡焉[1]，其終也已。"

【今譯】

孔子説："年紀到了四十歲還被人厭惡，他這一輩子算是完了。"

【注釋】

1 見惡：被別人所厭惡，所討厭。"見"，助詞，表示被動。

微子篇第十八

(共十一章)

主要記歷史上聖賢的事跡,孔子及其弟子周遊列國時的行爲,以及世人對於處亂世的不同態度。

> 微子去之[1],箕子爲之奴[2],比干諫而死[3]。孔子曰:"殷有三仁焉!"

【今譯】

〔紂王無道,〕微子離開了紂王,箕子被紂王拘囚降爲奴隸,比干屢次勸諫被〔紂王〕殺死。孔子說:"殷朝有這三位仁人啊!"

【注釋】

1 微子:名啓,采邑在微(今山西省潞城縣東北)。微子是紂王的同母兄,但微子出生時其母只是帝乙的妾,後來才立爲正妻生了紂,於是紂獲得立嗣的正統地位而繼承了帝位,微子則封爲子爵,成了紂王的卿士。紂王無道,微子屢諫不聽,遂隱居荒野。周武王滅殷後,被封於宋。 去:離開。 之:代詞。指殷紂王。

2 箕子:名胥餘,殷紂王的叔父。他的采邑在箕(在今山西省太谷縣東北)。子爵,官太師。曾多次勸說紂王,紂王不聽,箕子披髮裝瘋,被紂王拘囚,降爲奴隸。周武王滅殷後才被釋放。

3 比干：殷紂王的叔父。官少師，屢次竭力強諫紂王，並表明"主過不諫，非忠也；畏死不言，非勇也；過則諫，不用則死，忠之至也。"紂王大怒，竟說："吾聞聖人之心有七竅，信諸？"(《史記·殷本紀》注引《括地志》)遂將比干剖胸挖心，殘忍地殺死。

柳下惠爲士師[1]，三黜[2]。人曰："子未可以去乎[3]？"曰："直道而事人，焉往而不三黜[4]？枉道而事人[5]，何必去父母之邦[6]？"

【今譯】

柳下惠擔任〔魯國〕掌管司法刑獄的官員，多次被免職。有人說："您不可以離開〔這個國家〕嗎？"〔柳下惠〕說："正直地事奉人君，到哪一國去不會被多次免職？〔如果〕不正直地事奉人君，何必要離開自己父母所在的祖國呢？"

【注釋】

1 士師：古代掌管司法刑獄的官員。
2 三黜(chù處)：多次被罷免。"三"，表示多次，不一定只有三次。
3 去：離開。
4 焉：代詞，表疑問。哪裡。 往：去。
5 枉：不正。
6 父母之邦：父母所在之國，即本國，祖國。

齐景公待孔子曰:"若季氏,则吾不能;以季孟之间待之。"曰:"吾老矣,不能用也。"孔子行[1]。

【今譯】

齊景公講到對待孔子〔的禮節、爵祿〕説:"若像〔魯國國君〕對待季氏那樣〔來對待孔子〕,我不能;要用比季孫氏低比孟孫氏高的待遇來對待孔子。"〔後來齊景公又〕説:"我老了,不能用他了。"孔子便動身走了。

【注釋】

1 孔子行:公元前509年,孔子到齊國,想得到齊景公的重用;結果,有人反對,甚至揚言要殺孔子。齊景公迫於壓力,不敢任用,孔子於是離開齊國。

齊人歸女樂[1],季桓子受之[2],三日不朝,孔子行[3]。

【今譯】

齊國人贈送了許多歌姬舞女〔給魯國〕,季桓子接受了,三天不上朝。孔子便離開了魯國。

【注釋】

1 歸:同"饋"。贈送。

2 季桓子：魯國貴族，姓季孫，名斯，季孫肥（康子）的父親。從魯定公時至魯哀公初年，一直擔任魯國執政的上卿（宰相）。

3 孔子行：《史記·孔子世家》："定公十四年，孔子爲魯司寇，攝行相事。齊人懼，歸（饋）女樂以沮（阻止）之。"孔子看到魯國君臣這樣迷戀女樂，朝政日衰，不足有爲，便大大失望而去職離魯。

> 楚狂接輿歌而過孔子曰[1]："鳳兮[2]！鳳兮！何德之衰？往者不可諫[3]，來者猶可追[4]。已而，已而，今之從政者殆而[5]。"孔子下，欲與之言。趨而辟之[6]，不得與之言。

【今譯】

楚國有位狂人接輿，唱着歌經過孔子的車旁，歌裡唱道："鳳凰呀！鳳凰呀！爲何道德這麼衰微？過去的事不可挽回了，將來的事還來得及改正。算了吧，算了吧，如今從政的人危險啊。"孔子下車，想同他說話。〔接輿〕快步避開了，〔孔子〕沒能同他說話。

【注釋】

1 接輿："接"，迎。"輿"，車。迎面遇着孔子的車。這裡因其事而呼其人爲"接輿"。傳說乃楚國人，是"躬耕以食"的隱者賢士，用唱歌來批評時政，被世人視爲狂人。

一說，接輿本姓陸，名通，字接輿。見楚昭王政事無常，乃佯狂不仕，於是被人們看做是楚國的一個瘋子。

2　鳳：鳳凰。古時傳說，世有道則鳳鳥見，無道則隱。這裡比喻孔子。接輿認爲孔子世無道而不能隱，故說"德衰"。

3　諫：規勸，使改正錯誤。

4　猶可追：尚可補救，還來得及改正。

5　而：語助詞，相當於"矣"。

6　辟：同"避"。

長沮、桀溺耦而耕[1]，孔子過之，使子路問津焉。長沮曰："夫執輿者爲誰[2]?"子路曰："爲孔丘。"曰："是魯孔丘與[3]?"曰："是也。"曰："是知津矣。"問于桀溺。桀溺曰："子爲誰?"曰："爲仲由。"曰："是魯孔丘之徒與?"對曰："然。"曰："滔滔者天下皆是也，而誰以易之?且而與其從辟人之士也[4]，豈若從辟世之士哉[5]。"耰而不輟[6]。子路行以告。夫子憮然曰[7]："鳥獸不可與同羣，吾非斯人之徒與而誰與[8]?天下有道，丘不與易也[9]。"

【今譯】

長沮、桀溺兩人一起耕田，孔子經過那裡，讓子路去打聽渡口。長沮說："那駕車的人是誰?"

子路說："是孔丘。"〔長沮〕說："是魯國的孔丘嗎？"〔子路〕說："是的。"〔長沮〕說："那他自己該知道渡口〔在哪裡〕。"去問桀溺。桀溺說："您是誰？"〔子路〕說："是仲由。"〔桀溺〕說："是魯國孔丘的徒弟嗎？"〔子路〕回答："是的。"〔桀溺〕說："〔世上紛紛亂亂，禮壞樂崩，〕如滔滔的大水瀰漫，天下都是這樣，你們和誰去改變這種現狀呢？而且，你與其跟隨躲避人的人，還不如跟隨避開整個社會的人呢。"一邊說一邊不停地用耰翻土覆蓋播下的種子。子路回來告訴〔孔子〕。孔子悵惘地歎息說："〔人〕與鳥獸是不可同羣的，我不同世人一起生活又同誰呢？假若天下有道，我孔丘就不參與變革〔現實的活動〕了。"

【注釋】

1 長沮，桀溺："長"，個頭高大。"沮（jù句）"，沮洳，泥水潤澤之處。"桀"，同"傑"。身材魁梧。"溺"，身浸水中。這是兩位在泥水中從事勞動的隱者。長沮、桀溺，都是形容人的形象，不是眞實姓名。　耦（ǒu 藕）：二人合耕，各執一耜（si 四），左右並發。

2 執輿者：駕車的人。此指孔子。本來是子路駕車的，因下車問津，所以由孔子代爲駕車，孔子便成了"執輿者"。

3 與：通"歟"。嗎。

4 且：而且。　而：同"爾"。你。　辟人之士：躲避人的人。指孔子。孔子離開魯國，到處奔波，躲避與自己志趣不合的人，不同他們合作，故稱。"辟"，同"避"。

5 辟世之士：避開整個社會的隱士。

6 耰（yōu 優）：古代農具，用來擊碎土塊和平整土地。這裡指用耰翻土去覆蓋種子。 輟（chuò綽）：停止，中止。

7 憮（wǔ午）然：恨惘失意的樣子。

8 斯人之徒：指世上的人們，現實社會的那些從政者，統治者。

9 與：相與，參與。 易：變易，改革。

　　子路從而後，遇丈人¹，以杖荷蓧²。子路問："子見夫子乎？"丈人曰："四體不勤，五穀不分，孰爲夫子？"植其杖而芸³。子路拱而立。止子路宿，殺雞爲黍而食之⁴，見其二子焉。明日，子路行以告。子曰："隱者也。"使子路反見之⁵，至則行矣。子路曰："不仕無義。長幼之節不可廢也，君臣之義如之何其廢之？欲潔其身而亂大倫。君子之仕也，行其義也。道之不行，已知之矣。"

【今譯】

　　〔孔子周遊列國時〕子路跟從，〔有一次〕落在後面。遇上一位老人，用木杖挑着除草的農具。子路問："您看見我的老師了嗎？"老人說："〔你們〕四肢不勞動，五穀分不清，誰知哪個是你老師？"接着把木杖插在地上，就去除草了。子路拱手站在一旁。老人留子路到他家住宿，殺雞、做黍米飯給子路吃，並讓兩個兒子見了子路。第二天，子路趕上了孔子，告訴了這件事。孔子説："這是位隱士。"讓子路返回去看老人。子路到了那裏，〔老人〕已經走了。子路説："不從政做官是不義的。長幼之間的禮節不可廢棄，君臣之間的名分如何能廢棄呢？只想潔身自好，卻亂了君臣間大的倫理關係。君子之所以要從政做官，就是爲了實行君臣之義。〔至於〕道之不能行，〔我們〕已經知道了。"

【注釋】

1 丈人：老人。姓名身世不詳。一説，楚國葉縣人。
2 荷（hè賀）：挑，擔，扛。 蓧（diào掉）：古代一種竹製農具。用以除草。
3 蕓：同"耘"。除草。
4 食（sì四）：拿東西給別人吃。
5 反：同"返"。返回去。

逸民[1]：伯夷，叔齊，虞仲[2]，夷逸[3]，朱張[4]，柳下惠，少連[5]。子曰："不降其志，不辱其身，伯夷、叔齊與！"謂："柳下惠、少連，降志辱身矣，言中倫[6]，行中慮，其斯而已矣。"謂："虞仲、夷逸，隱居放言，身中清，廢中權。我則異于是，無可無不可[7]。"

【今譯】

　　逸民有：伯夷，叔齊，虞仲，夷逸，朱張，柳下惠，少連。孔子說："不貶抑自己的意志，不辱没自己的身份，就是伯夷、叔齊吧！"又說："柳下惠、少連，〔被迫〕貶抑自己的意志，辱没自己的身份，但説話合乎倫理，行爲深思熟慮，他們只是這樣做而已啊。"又説："虞仲、夷逸，過隱居生活，說話放縱無忌，能保持自身清白，廢棄官位而合乎權宜變通。可是我與這些人不同，沒有什麽可以，也沒有什麽不可以。"

【注釋】

1　逸民：隱退不仕的人，失去政治、經濟地位的貴族。
2　虞仲：即仲雍，爲推辭王位，與兄泰伯一同奔至荆蠻。見《泰伯篇第八》第一章注。一說，是《史記》中吴君周章之弟。
3　夷逸：古代隱士。自稱是牛，可耕於野，而不忍被誘入廟而爲犧牲。
4　朱張：字子弓。身世不詳。
5　少連：東夷人。善於守孝，達於禮。
6　中（zhòng衆）：符合，合於。
7　"無可"句：意思是說：根據客觀實際情況的發展變化而考慮怎樣做適宜。得時則駕，隨遇而安。《孟子·萬章下》說：孔子是"聖之時者也"，"可以速而速，可以久而久，可以處而處，可以仕而仕"。隨機應變，見機行事。不一定這樣做，也不一定不這樣做。

太師摯適齊¹，亞飯干適楚²，三飯繚

適蔡,四飯缺適秦;鼓方叔入于河³,播鼗武入于漢⁴;少師陽、擊磬襄⁵,入于海。

【今譯】

太師摯去了齊國,亞飯樂師干去了楚國,三飯樂師繚去了蔡國,四飯樂師缺去了秦國;打鼓的方叔去了黃河地區,搖小鼓的武去了漢水地區;少師陽和擊磬的襄,去了海濱。

【注釋】

1 太師摯:可能就是《泰伯篇第八》第十五章中所說的"師摯",是樂官之長。可參閱。

2 亞飯:按周朝制度規定,天子和諸侯吃飯時要奏樂。"亞飯"是第二次吃飯時奏樂的樂師,"三飯"、"四飯"依此類推。 干:及下文"繚"、"缺",均為樂師名。

3 鼓方叔:打鼓的樂師,名方叔。 河:專指黃河。

4 播:搖。 鼗(táo桃):長柄搖鼓,兩旁繫有小槌。 武:是搖小鼓的樂師的名字。

5 少師陽:樂官之佐(副樂師),名陽。 擊磬襄:敲磬的樂師,名襄。孔子曾向他學琴。以上這些魯國的樂師流亡四方,各找出路,說明魯公室已日益衰微。

周公謂魯公曰¹:"君子不施其親²,不使大臣怨乎不以³;故舊無大故,則不棄也;無求備於一人。"

【今譯】

周公對魯公説:"君子不能疏遠怠慢自己的親族,不能讓大臣埋怨不任用他們;老臣老友,如果沒有重大的過錯,不要遺棄他們;不要對一個人求全責備。"

【注釋】

1 周公:武王之弟,名姬旦。 魯公:指周公的兒子伯禽。

2 施:同"弛"。鬆弛,放鬆,棄置。引申爲疏遠,怠慢。

3 以:用,任用。

周有八士[1]:伯達,伯适,仲突,仲忽,叔夜,叔夏,季隨,季騧。

【今譯】

周朝有八位名士:伯達,伯适,仲突,仲忽,叔夜,叔夏,季隨,季騧。

【注釋】

1 八士:身世生平不詳。或説,周初盛時,有這八名才德之士:伯達通達義理,伯适(kuò 擴)大度能容,仲突有御難之才,仲忽有綜理之才,叔夜柔順不迫,叔夏剛明不屈,季隨有應順之才能,季騧(guā 瓜)德同良馬。八人都很有敎養,有賢名。或傳説八士爲一母所生的四對孿生子(見《逸周書》)。

子張篇第十九

(共二十五章)

主要記孔子的弟子們探討求學求道的言論，以及對孔子的敬仰與讚頌。

子張曰："士見危致命¹，見得思義²，祭思敬，喪思哀，其可已矣³。"

【今譯】

子張說："作爲一個士，遇見國家危難，能獻出自己生命；遇見有利可得，能考慮是否合乎義；祭祀時，能想到恭敬嚴肅；臨喪時，能想到悲哀。這樣做就可以了。"

【注釋】

1 致命：授命，捨棄生命。
2 思：反省，考慮。
3 其可已矣："見危致命，見得思義，祭思敬，喪思哀"這四方面是立身之大節。作爲士，如能做到這些，就算可以了。

子張曰："執德不弘¹，信道不篤，焉

能爲有？焉能爲亡²？"

【今譯】

子張說："執守仁德不能發揚光大，信仰道義不能專一誠實，〔這種人〕哪能算有？哪能算無？"

【注釋】

1　弘：弘揚，發揚光大。一說，"弘"即今之"強"字，堅強，堅定不移（見章炳麟《廣論語駢枝》）。
2　"焉能"句：意謂無足輕重；有他不爲多，無他不爲少；有他沒他一個樣。"亡"，同"無"。

子夏之門人問交于子張。子張曰："子夏云何？"對曰："子夏曰：'可者與之，其不可者拒之。'"子張曰："異乎吾所聞：君子尊賢而容衆，嘉善而矜不能¹。我之大賢與²，于人何所不容？我之不賢與，人將拒我，如之何其拒人也？"

【今譯】

子夏的門人向子張詢問交友之道。子張反問："子夏是怎樣說的？"〔子夏的門人〕回答："子夏說：'可交的就與他交，不可交的就拒絕他。'"子張說："這和我聽說的不同：君子能尊敬賢人，又能容納衆人；能讚美好人，又能憐憫能力差的人。

我如果是很賢明的，對於別人爲何不能容納呢？我如果不賢明，別人將會拒絕我，如何〔談得上〕拒絕別人呢？"

【注釋】
1 矜（jīn 金）：憐憫，憐恤，同情。
2 與：同"歟"。語氣詞。

　　子夏曰："雖小道[1]，必有可觀者焉，致遠恐泥[2]，是以君子不爲也。"

【今譯】
　　子夏説："雖是小的技藝，也一定有可取之處，但對遠大的事業恐有妨礙，所以君子不從事這些小技藝。"

【注釋】
1 小道：指某一方面的技能，技藝，如古代所謂農，圃，醫，卜，樂，百工之類。
2 泥（nì 膩）：不通達，留滯，拘泥。

　　子夏曰："日知其所亡[1]，月無忘其所能，可謂好學也已矣。"

【今譯】
　　子夏説："每天知道一些過去所不知的，每月不忘記已經掌握的，〔這樣〕可以稱爲好學的人了。"

【注釋】

1　亡：同"無"。這裡指自己所沒有的知識、技能，所不懂的道理等。

> 子夏曰："博學而篤志，切問而近思，仁在其中矣。"

【今譯】

子夏說："廣博地學習鑽研，堅定自己的志向，懇切地提問，多考慮當前的事，仁德就在其中了。"

> 子夏曰："百工居肆以成其事¹，君子學以致其道。"

【今譯】

子夏說："各行業的工匠要〔整天〕在作坊裡完成自己份內的工作，君子要〔終身〕學習達到實現道的目的。"

【注釋】

1　肆：古代製造器物的場所。如官府營造器物的地方，手工業作坊。陳列商品的店舖，也叫肆。

子夏曰:"小人之過也必文。"

【今譯】

子夏説:"小人對過錯必定掩飾。"

子夏曰:"君子有三變:望之儼然,即之也溫,聽其言也厲。"

【今譯】

子夏説:"君子〔的態度讓你感到〕有三種變化:遠看外表莊嚴可畏,接近他溫和可親,聽他説的話嚴正精確。"

子夏曰:"君子信而後勞其民[1];未信,則以爲厲己也[2]。信而後諫;未信,則以爲謗己也。"

【今譯】

子夏説:"君子要先取得百姓的信任,而後再役使他們;〔如果〕不信任,〔百姓〕就會以爲是虐待自己。要先取得〔君主〕信任,而後去勸諫;〔如果〕不信任,〔君主〕就會以爲是誹謗自己。"

【注釋】

1 勞:指役使,讓百姓去服勞役。

2 厲:虐待,折磨,坑害。

子夏曰:"大德不逾閑[1],小德出入可也。"

【今譯】

子夏說:"在德操大節上不要超過界限,在細微小節上有點出入是可以的。"

【注釋】

1 大德:與下"小德"相對,猶言大節。小德即小節。一般認為,大德指綱常倫理方面的節操。小德指日常的生活作風,禮貌,儀表,待人接物,言語文詞等。 逾:超越,越過。 閑:本義是闌,柵欄。引申為限制,界限,法度。

子游曰:"子夏之門人小子,當灑掃應對進退,則可矣,抑末也[1]。本之則無,如之何?"子夏聞之,曰:"噫!言游過矣!君子之道[2],孰先傳焉?孰後倦焉[3]?譬諸草木,區以別矣。君子之道,焉可誣也?有始有卒者,其惟聖人乎!"

【今譯】

子游說:"子夏的門人,做些灑水掃地接待迎送的事是可以的,但這不過是末節。根本的東西卻没有〔學到〕，怎麼可以呢?"子夏聽了這些話，說:"唉! 子游錯了! 君子之道，哪些先傳授，哪些後傳授呢?〔道〕比之於草木，〔各種各類〕是有區別的。君子之道，怎麼可以誣衊歪曲呢? 能够有始有終〔按次序教授弟子的〕，大概只有聖人吧!"

【注釋】

1 抑: 抑或，或許。 末: 非根本的方面，末節。
2 君子之道: 指君子的立身之道。與"本"有密切聯繫，故《論語》有"君子務本，本立而道生"的話。
3 "孰先"句: 句中"倦"字，當是"傳"字之誤。一說，"倦"字不誤，意思是: 君子之道，傳於人，宜有先後，非以其"末"爲先而傳之，非以其"本"爲後而倦教，非專傳其宜先者，而倦傳其宜後者。

　　子夏曰: "仕而優則學[1]，學而優則仕。"

【今譯】

子夏説: "做官要做得好就應該學習; 學習好了才可以做官。"

【注釋】

1 優: 優秀，優良。一說，"優"，充足，富裕。指人有餘力。此章的意思則是: 做了官的首先是爲國爲民盡職盡責，有餘力，便應學習（資其仕者益深）; 爲學的首先是明

343

道修德掌握知識技能，有餘力，則可做官（驗其學者益廣）。

> 子游曰："喪致乎哀而止[1]。"

【今譯】

子游說："居喪，充分體現出悲哀之情就可以了。"

【注釋】

1 "喪致乎"句：這句話包含兩層含意：一，居喪尚有悲哀之情，而不尚繁禮文飾。二，既已哀，則當止，不當過哀以至毀身滅性。"喪"，指在直系親長喪期之中。

> 子游曰："吾友張也爲難能也[1]，然而未仁。"

【今譯】

子游說："我的朋友子張，是難能可貴的〔人物〕，然而還沒達到仁。"

【注釋】

1 張：即顓孫師，字子張。朱熹說："子張行過高，而少誠實惻怛之意。"才高意廣，人所難能，而心馳於外，不能全其心德，未得爲仁。

> 曾子曰："堂堂乎張也[1]，難與並爲仁

矣。"

【今譯】

曾子說:"儀表壯偉的子張啊,〔卻〕很難同他一起做到仁。"

【注釋】

1 堂堂:形容儀表壯偉,氣派十足。據說子張外有餘而內不足,他的為人重在"言語形貌",不重在"正心誠意",故人不能助他為仁,他也不能助人為仁。

> 曾子曰:"吾聞諸夫子,人未有自致者也[1],必也親喪乎!"

【今譯】

曾子說:"我聽老師說過,人沒有自動充分表露內心真情的,〔若有,〕必定是父母去世吧!"

【注釋】

1 致:極,盡。這裡指充分表露和發洩內心全部的真實感情。父母之喪,哀痛迫切之情,不待人勉而自盡其極。

> 曾子曰:"吾聞諸夫子:孟莊子之孝也[1],其他可能也,其不改父之臣與父之政,是難能也。"

【今譯】

曾子説:"我聽老師説過:孟莊子行孝,其他方面别的人都能做到,不更换父親的舊臣,不改變父親的政治措施,那是别人難以做到的。"

【注釋】

1 孟莊子:魯國大夫孟孫速。其父是孟孫蔑(孟獻子),品德好,有賢名。

孟氏使陽膚爲士師[1]。問于曾子。曾子曰:"上失其道,民散久矣。如得其情,則哀矜而勿喜[2]!"

【今譯】

孟孫氏任命陽膚爲司法刑獄長官。〔陽膚〕請教於曾子。曾子説:"當政的人失去正道,百姓離心離德已久了。如果瞭解了百姓〔因受苦、寃屈而犯法的〕實情,應當同情憐憫他們,而不要〔因判他們罪而〕沾沾自喜。"

【注釋】

1 陽膚:相傳是曾參七名弟子中的一名。武城人。
2 矜:憐憫,憐惜,同情。

子貢曰:"紂之不善[1],不如是之甚也[2]。是以君子惡居下流[3],天下之惡皆歸焉[4]。"

【今譯】

子貢說:"殷紂王的不善,不如傳說的那樣嚴重。因此,君子非常憎惡居於下流,〔一旦居於下流,〕天下的一切壞事〔壞名〕都會歸到他的頭上來。"

【注釋】

1 紂:名辛,史稱"帝辛","紂"是謚號(按照謚法,殘忍不義稱爲"紂")。商朝最後一個君主,是歷史上有名的暴君。據史料看,紂有文武才能,對東方的開發,對文化的發展和中國的統一,都曾有過貢獻。但他寵愛妲己,貪酒好色,剛愎自用,拒納忠言。制定殘酷的刑法,壓制人民。又大興土木,無休止地役使人民。後周武王會合西南各族向紂進攻,牧野(今河南淇縣西南)一戰,紂兵敗,逃入城內,引火自焚而死。殷遂滅。

2 是:代詞。指人們傳說的那樣。

3 惡(wù 務):討厭,憎恨,憎惡。 下流:地勢卑下處。這裡指由高位而降至低位。

4 惡(è 餓):壞事,罪惡。子貢說這番話的意思,當然不是爲紂王去辯解開脫,而是要提醒世人(尤其是當權者),應當經常自我警戒反省,在台上的時候律己要嚴。否則一旦失勢,置身"下流",天下的"惡名"將集於一身而遺臭萬年。

子貢曰:"君子之過也,如日月之食焉[1]:過也,人皆見之;更也[2],人皆仰之。"

【今譯】

子貢說:"君子的過錯,如同日蝕月蝕:過錯,人們都看得見;更改,人們都仰望着。"

【注釋】

1 食:同"蝕"。
2 更:變更,更改。

衛公孫朝問于子貢曰¹:"仲尼焉學?"子貢曰:"文武之道,未墜于地²,在人。賢者識其大者,不賢者識其小者,莫不有文武之道焉。夫子焉不學?而亦何常師之有³?"

【今譯】

衛國的公孫朝問子貢:"仲尼的學問是從哪兒學來的?"子貢說:"周文王、周武王之道,並未失傳,還有人能記得。賢能的人瞭解記住大的方面,不賢的人瞭解記住小的方面,無處不有文武之道。我的老師何處不學呢?又何嘗有固定的老師呢?"

【注釋】

1 公孫朝:衛國大夫。
2 墜于地:掉到地下。這裡指被人們輕視而遺棄,被人遺忘,失傳。

3 常師：固定的老師。子貢說孔子不是專向某一個人學習，而是向衆人學習。傳說孔子曾經問禮於老聃（dān丹），訪樂於萇弘，問官於郯子，學琴於師襄。故唐代韓愈說"聖人無常師"（見《師說》）。

> 叔孫武叔語大夫于朝曰[1]："子貢賢于仲尼。"子服景伯以告子貢[2]。子貢曰："譬之宮牆[3]，賜之牆也及肩，窺見室家之好。夫子之牆數仞[4]，不得其門而入，不見宗廟之美，百官之富[5]。得其門者或寡矣。夫子之云，不亦宜乎[6]！"

【今譯】

叔孫武叔在朝廷上對大夫們說："子貢比孔子強。"子服景伯把這話告訴了子貢。子貢說："用房舍的圍牆作個比喻吧，我的圍牆，只夠到肩膀那麽高，人們都能窺見房屋的美好。我老師的圍牆有幾丈高，找不到門，無法進去，看不到宗廟的美好和各個房舍的豐富多彩。能找到門進去的人或許還很少呢。〔叔孫武叔〕老先生那樣說，不也是很自然的嗎！"

【注釋】

1 叔孫武叔：魯國大夫，"三桓"之一，名州仇。
2 子服景伯：名何，魯國大夫。
3 宮：房屋，住舍。古代不論尊卑貴賤，住所都稱

"宮"。到了秦代才專稱帝王的住所爲宮。

4 仞（rèn任）：古代長度，七尺（或說八尺）叫一仞。

5 宮：本義是房舍，後來才引申爲做官，官職。這裏用本義。

6 宜：適宜，相稱，很自然。

　　叔孫武叔毀仲尼。子貢曰："無以爲也！仲尼不可毀也。他人之賢者，丘陵也，猶可逾也；仲尼，日月也，無得而逾焉。人雖欲自絕¹，其何傷于日月乎？多見其不知量也²。"

【今譯】

　　叔孫武叔譭謗仲尼。子貢說："不要這樣做啊！仲尼是譭謗不了的。別的賢人，如丘陵，還可以越過去；仲尼，如日月，是無法越過的。有人雖然想要自絕〔於日月〕，對日月有什麽損傷呢？只是看出這種人不自量力啊。"

【注釋】

1 自絕：自行斷絕跟對方之間的關係。

2 多：只是，徒然，恰好是。　不知量：不知道自己的分量，不知高低輕重，不自量。

　　陳子禽謂子貢曰¹："子爲恭也，仲尼豈賢于子乎？"子貢曰："君子一言以爲知², 一言以爲不知, 言不可不慎也。夫子之不可及也, 猶天之不可階而升也。夫子之得邦家者, 所謂立之斯立, 道之斯行³, 綏之斯來⁴, 動之斯和。其生也榮, 其死也哀。如之何其可及也?"

【今譯】

陳子禽對子貢說: "您對仲尼有意表現恭敬吧, 他難道比您更賢能嗎?"子貢說: "君子一句話可以表現出明智, 一句話也可以表現出不明智, 說話不可不謹慎呀。我們老師是不可及的, 好像天是不能通過階梯登上去一樣。我們老師如能獲得治理國家的權位, 就像〔我們〕所說的: 要百姓立足於社會, 〔百姓〕就會立足於社會; 要引導百姓, 〔百姓〕就會跟着走; 要安撫百姓, 〔百姓〕就會來歸附; 要發動百姓, 〔百姓〕就會團結協力。老師活着很光榮, 死了會使人悲哀。〔我〕怎麼能趕上老師呢?"

【注釋】

1 陳子禽: 陳亢, 字子禽。參閱《學而篇第一》第十章注。
2 知: 同"智"。聰明, 智慧, 明智。
3 道: 同"導"。引導。
4 綏 (suí 隨): 安撫。

堯曰篇第二十

(共三章)

主要記古代賢王堯、舜、禹、湯的言論以及孔子對爲政的論述。

堯曰[1]:"咨[2]！爾舜[3]，天之歷數在爾躬[4]，允執其中[5]。四海困窮，天祿永終。"

舜亦以命禹[6]。

曰:"予小子履敢用玄牡[7]，敢昭告于皇皇后帝[8]:有罪不敢赦。帝臣不蔽[9]，簡在帝心[10]。朕躬有罪[11]，無以萬方；萬方有罪，罪在朕躬。"

周有大賚[12]，善人是富。"雖有周親，不如仁人。百姓有過，在予一人[13]。"

謹權量[14]，審法度[15]，修廢官，四方之政行焉。興滅國，繼絕世，舉逸民，天下之民歸心焉。

所重:民，食，喪，祭。

寬則得衆，信則民任焉[16]，敏則有功，公則說[17]。

【今譯】

堯說:"噴噴! 舜啊! 按照天意所定的繼承順序,帝位就在你身上了,〔你〕要誠實恰當地保持執守中正之道。〔如果你執行有偏差,〕天下百姓陷於貧困,〔那麼〕上天賜給你的祿位就會永遠終止了。"

舜也是用這些話囑咐了禹。

〔商湯〕說:"我小子履,大膽虔誠地用黑色的公牛來祭祀,冒昧地向光明而偉大的天帝禱告:對有罪的人,〔我〕不敢擅自赦免。您的臣僕〔的善惡〕,我也不敢隱瞞掩蓋,〔對此〕您心裡是清楚知道的。〔如果〕我自身有罪過,請不要責怪連累天下萬方;天下萬方〔如果〕有罪過,罪過都應歸在我身上。"

周朝〔初年〕大發賞賜〔分封諸侯〕,善人都得到富貴。〔周武王說:〕"雖有至親,卻不如有仁德的人。百姓如有過錯,都應該由我一人來承擔。"

〔孔子常說:〕謹慎地制定審查度量衡,恢復被廢棄的官職與機構,天下四方的政令就通行了。復興滅亡了的國家,接續斷絕了的世族,推舉起用前代被遺落的德才之士,天下民心就歸服了。

〔國家〕所要重視的是:人民,糧食,喪葬,祭祀。

做人寬厚,就會得到眾人的擁護;誠實守信

用，就會得到別人的任用；做事勤敏，就會取得成功；處事公平，就會使大家高興。

【注釋】

1　堯：傳說中新石器時代我國父系氏族社會後期的部落聯盟的領袖。他把君位禪（shàn善）讓給舜。史稱"唐堯"。後被尊稱爲"聖君"。參閱《泰伯篇第八》第二十章注。

2　咨（zī資）：感歎詞。猶"嘖嘖"。咂嘴表示讚歎、讚美。

3　舜：傳說中受堯禪位的君主。後來，他又把君位禪讓給禹。傳說他眼睛有兩個瞳仁，又名"重華"。參閱《泰伯篇第八》第二十章注。

4　天之歷數：天命。這裡指帝王更替的一定次序。古代帝王常常假托天命，都說自己能當帝王是由天命所決定的。

5　允：誠信，公平。　執：掌握，保持，執守。　中：正，不偏不倚，不"過"也無"不及"。

6　"舜亦"句：《禹》，傳說中受舜禪位的君主。姒（sì四）姓，亦稱"大禹"、"夏禹"、"戎禹"，以治水名聞天下。關於舜禪位時囑咐大禹的話，可參閱《尙書·大禹謨》。

7　予小子履：商湯自稱。"予"，我。"小子"，祭天地時自稱，表示自己是天帝的兒子（天之子，天子）。"履"，商湯的名字。商湯，歷史上又稱武湯，武王，天乙，成湯（或成唐），也稱高祖乙。他原爲商族領袖，任用伊尹執政，積聚力量，陸續攻滅鄰近各小國，最後一舉滅夏桀，建立了商朝，是孔子所說的"賢王"。　敢：謙辭，猶言"冒昧"。含虔誠意。　玄牡："玄"，黑色。"牡"，公牛。宰殺後作祭祀用的犧牲。按此段文字又見《尙書·湯誥》，文字略有不同,可參閱。

8 皇皇:大,偉大。 后帝:"后",指君主。古代天子和諸侯都稱"后",到了後世,才稱帝王的正妻爲后。"帝",古代指最高的天神。這裡"后"和"帝"是同一個概念,指天帝。

9 帝臣:天下的一切賢人都是天帝之臣。

10 簡:本義是檢閱,檢查。這裡有知道,明白,清楚瞭解的意思。

11 朕(zhèn 振):我。古人不論地位尊卑都自稱朕。從秦始皇起,才成爲帝王專用的至尊的自稱。

12 大賚(lài 賴):大發賞賜,獎賞百官,分封土地。

13 "雖有"句:"周",至,最。"百姓",這裡指各族各姓受封的貴族。傳說商末就有八百個諸侯。此句又見《尚書·泰誓》,文字略有不同,可參閱。

14 權:秤錘。指計重量的標準。 量:量器。指計容積的標準。

15 法度:指計量長度的標準。

16 "信則"句:"民",疑當作"人",他人,別人。"任",任用。誠實守信就會得到他人任用。一說,"民",百姓。"任",信任。誠懇守信,就會得到百姓信任。另說,漢代石經等一些版本無此五字,乃《陽貨篇第十七》第六章文字而誤增於此。

17 說:同"悅"。高興。本章文字,前後不連貫,疑有脫漏。風格也不同。前半章文字古奧,可能是《論語》的編訂者引自當時可見的古代文獻。從"謹權量"以下,大多數學者認爲可能就是孔子所說的話了。

子張問于孔子曰:"何如斯可以從政矣[1]?"子曰:"尊五美,屏四惡[2],斯可以從政矣。"子張曰:"何謂五美?"子曰:"君子惠而不費,勞而不怨,欲而不貪³,泰而不驕,威而不猛。"子張曰:"何謂惠而不費?"子曰:"因民之所利而利之,斯不亦惠而不費乎?擇可勞而勞之,又誰怨?欲仁而得仁,又焉貪?君子無眾寡,無小大,無敢慢,斯不亦泰而不驕乎?君子正其衣冠,尊其瞻視,儼然人望而畏之,斯不亦威而不猛乎?"子張曰:"何謂四惡?"子曰:"不教而殺謂之虐;不戒視成謂之暴;慢令致期謂之賊;猶之與人也,出納之吝謂之有司⁴。"

【今譯】

子張問孔子:"如何就可以從政呢?"孔子說:"要尊重五種美德,摒除四種惡政,就可以從政了。"子張說:"什麼叫五種美德?"孔子說:"君子使百姓得到好處,自己卻無所耗費;安排勞役,百姓卻不怨恨;希望實行仁義,而不貪圖財利;安舒矜持,而不驕傲放肆;莊重威嚴,而不兇猛。"子張說:"怎樣能使百姓得到好處,自己卻無所耗費呢?"孔子說:"順着百姓所能得到利益之處而讓百姓去獲得利益,不就是使百姓得到好處而自己卻無所耗費嗎?選擇百姓能幹得了的勞役讓他去幹，誰還怨恨呢？希望實行仁義而得到了仁義，還貪求什麼財利呢？君子無論人多人少，勢力大勢力小，都不敢輕慢，這不就是安舒矜持而不驕傲放肆嗎？君子衣冠端正整齊，目光神色都鄭重嚴肅，使人望而敬畏，這不就是莊重威嚴而不兇猛嗎？"子張說："什麼叫四種惡政？"孔子說："事先不進行教育，〔犯了錯〕就殺，這叫虐；事先不告誡不打招呼，而要求馬上做事成功，這叫暴；很晚才下達命令，卻要求限期完成，這叫賊；同樣是給人東西，拿出手時顯得很吝嗇，這叫有司。"

【注釋】

1　斯：就。

2　屏（bǐng丙）：通"摒"。除去，排除，擯棄。

3　欲而不貪：指其欲在實行仁義，而不在貪圖財利。皇侃《論語義疏》："欲仁義者爲廉，欲財色者爲貪。"

4　有司：本爲官吏的統稱。這裡指庫吏之類的小官，他們在財物出入時都要精確算計。從政的人如果這樣，就顯得吝嗇刻薄而小家子氣了。

> 孔子曰："不知命[1]，無以爲君子也；不知禮，無以立也；不知言，無以知人也。"

【今譯】

孔子説："不懂天命，就無法做君子；不懂禮，就無法立足於社會；不懂分析辨別別人的言論，就無法瞭解認識他人。"

【注釋】

1　命：命運，天命。儒家以爲人在一生中的吉凶、禍福、生死、貧富、利害都是上天所主宰，都是與生俱來而命中注定的；人對之無可奈何無力改變。這是唯心主義的一種哲學觀點。不過，孔子所說的"知命"，也包含有一些有積極意義的內涵，如提倡要面對現實，識時務；要瞭解與順應客觀事物發展規律而不應與之違背；要明確人生的道義與職責等。

《三聯文庫》出版後記

香港三聯書店植根香港,本"竭誠為讀者服務"之傳統,傳播中華文化,介紹當代中國,反映香港歷史變遷,歷年出書品種累以千計。蒙諸多作者鼎力襄助,所出圖書不乏常讀常新之作。惟時有疏於重印,加之成本日昂,致使不少好書坊間難覓。值本店成立五十週年,從歷年出版書籍中遴選部分,並增編部分經典作品,以便攜開本集為《三聯文庫》,陸續重版,以饗讀者。切盼各界不吝指正。

三聯書店(香港)有限公司
編輯部
一九九八年六月